AF276298

COLEX

Disfrute gratuitamente **DURANTE UN AÑO** de los eBook y audiolibros de las obras de Editorial Colex*

⊛ Acceda a la página web de la editorial **www.colex.es**

⊛ Identifíquese con su usuario y contraseña. En caso de no disponer de una cuenta regístrese.

⊛ Acceda en el menú de usuario a la pestaña «Mis códigos» e introduzca el que aparece a continuación:

RASCAR PARA VISUALIZAR EL CÓDIGO

⊛ Una vez se valide el código, aparecerá una ventana de confirmación y su eBook y/o audiolibro estará disponible **durante 1 año desde su activación** en la pestaña «Mis libros» en el menú de usuario.

---

* Los audiolibros están disponibles en las ediciones más recientes de nuestras obras. Se excluyen expresamente las colecciones «Códigos comentados», «Biblioteca digital» y los productos de www.vademecumlegal.es.

No se admitirá la devolución si el código promocional ha sido manipulado y/o utilizado.

¡Gracias por confiar en nosotros!

La obra que acaba de adquirir incluye de forma gratuita la versión electrónica. Acceda a nuestra página web para aprovechar todas las funcionalidades de las que dispone en nuestro lector.

Funcionalidades eBook

Acceso desde
cualquier dispositivo con
conexión a internet

Idéntica visualización
a la edición de papel

Navegación intuitiva

Tamaño del texto adaptable

Síguenos en: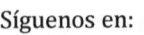

GUÍA PROCESAL PARA PROCURADORES

Ley Orgánica 1/2025, de 2 de enero, de Medidas en Materia de Eficiencia del Servicio Público de Justicia

Perspectiva práctica desde la Procura

GUÍA PROCESAL PARA PROCURADORES

Ley Orgánica 1/2025, de 2 de enero, de Medidas en Materia de Eficiencia del Servicio Público de Justicia

Perspectiva práctica desde la Procura

Anthony A. Sabattini

COLEX 2026

© Anthony A. Sabattini

© Editorial Colex, S.L.
Calle Costa Rica, número 5, 3.º B (local comercial)
A Coruña, 15004, A Coruña (Galicia)
info@colex.es
www.colex.es

I.S.B.N.: 979-13-7011-677-4
Depósito legal: C 424-2026
DOI: https://doi.org/10.69592/979-13-7011-677-4

SUMARIO

CAPÍTULO II
EFICIENCIA PROCESAL CIVIL
(Pág. 29)

CAPITULO III
EFICIENCIA PROCESAL PENAL, ADMINISTRATIVO Y LABORAL
(Pág. 63)

CAPÍTULO IV
DIGITALIZACIÓN Y PROBLEMÁTICAS PRÁCTICAS PARA LA PROCURA
(Pág. 75)

CAPÍTULO V
JURISPRUDENCIA DE INTERÉS
(Pág. 87)

ANEXOS
NORMATIVA, MODELOS Y FORMULARIOS
(Pág. 101)

CONCLUSIÓN
EL FUTURO DE LA PROCURA COMO PILAR DE LA JUSTICIA EN LA ERA DIGITAL: DESAFÍOS Y OPORTUNIDADES

REFERENCIAS BIBLIOGRÁFICAS

DOCUMENTOS DOCTRINALES Y TÉCNICOS

ABREVIATURAS JURÍDICAS

APP	Auto de la Audiencia Provincial.
AP	Audiencia Provincial.
BOE	Boletín Oficial del Estado.
CC	Código Civil.
CCAA	Comunidades Autónomas.
CE	Constitución Española.
CGPJ	Consejo General del Poder Judicial.
CTEAJE	Comité Técnico Estatal de la Administración Judicial Electrónica.
DA	Disposición Adicional.
DT	Disposición Transitoria.
EIDAS	Reglamento (UE) n.º 910/2014, relativo a la identificación electrónica y los servicios de confianza.
EJE	Expediente Judicial Electrónico.
LAJ	Letrado/a de la Administración de Justicia.
LEC	Ley 1/2000, de 7 de enero, de Enjuiciamiento Civil.
LECrim	Ley de Enjuiciamiento Criminal.
LJCA	Ley 29/1998, de 13 de julio, reguladora de la Jurisdicción Contencioso-Administrativa.
LOPJ	Ley Orgánica 6/1985, de 1 de julio, del Poder Judicial.
LO 1/2025	Ley Orgánica 1/2025, de 2 de enero, de medidas en materia de eficiencia del Servicio Público de Justicia.
LRJS	Ley 36/2011, de 10 de octubre, reguladora de la Jurisdicción Social.
MASC	Medios adecuados de solución de controversias.
OJ	Oficina Judicial.
OJM	Oficinas de Justicia en el Municipio.
OVC	Oferta Vinculante Confidencial.
PAS	Puntos de acceso seguro.
PIMASC	Punto de interoperabilidad de los medios adecuados de solución de controversias.
RDL	Real Decreto Ley
REA	Registro Electrónico de Apoderamientos
TI	Tribunal de Instancia.
TS	Tribunal Supremo.
UE	Unión Europea.

ABREVIATURAS JURÍDICAS

PRESENTACIÓN

La Procura española ha recorrido un largo camino desde sus orígenes, firmemente anclada en la tradición jurídica, hasta el escenario actual, marcado por una transformación profunda del servicio público de Justicia. No ha sido un camino sencillo ni exento de tensiones. Sin embargo, si algo ha demostrado históricamente nuestra profesión es su capacidad de adaptación a los cambios sin renunciar a su esencia, sustentada en la estrecha colaboración con el órgano judicial, la cercanía al justiciable y la garantía del correcto orden procesal.

En este recorrido histórico, el procurador ha sido el profesional discreto que ha sostenido la arquitectura del proceso. La Procura ha velado de forma constante por la corrección formal del procedimiento, el respeto a los plazos, la adecuada realización de los actos procesales y el impulso ordenado del procedimiento.

Esta función, a veces poco visible, ha sido y sigue siendo imprescindible para la efectividad real del derecho a la tutela judicial efectiva. Porque sin un proceso ordenado no es posible una justicia verdaderamente efectiva, por muy legítima que sea la pretensión ejercitada.

Sobre esta base se proyecta la reforma en vigor. La aprobación de la Ley Orgánica 1/2025, de 2 de enero, de medidas en materia de eficiencia del Servicio Público de Justicia, constituye, sin duda, uno de los hitos normativos más relevantes de las últimas décadas. Esta norma transforma la organización judicial, redefine los tiempos y las dinámicas del proceso, incorpora de manera decidida los medios adecuados de solución de controversias, y consolida una digitalización que ha dejado de ser previsión de futuro para convertirse en una exigencia real del presente. En este nuevo marco, la figura del procurador se ve llamada a desempeñar un papel más activo y técnico, estrechamente vinculado al funcionamiento efectivo del sistema judicial.

No es casualidad, por tanto, que la reforma reconozca de forma expresa funciones que la Procura venía ejerciendo en la práctica desde hace años:

la cooperación efectiva con la Administración de Justicia, la capacidad de actuar como agente cualificado en actos de comunicación y, de manera especialmente relevante, la posibilidad de intervenir en actuaciones materiales de ejecución por delegación judicial. No se trata de una concesión circunstancial, sino el resultado lógico de una evolución profesional sostenida, impulsada con rigor y construida desde la responsabilidad institucional.

Ahora bien, no sería riguroso presentar este nuevo panorama exclusivamente desde la perspectiva de sus aciertos. La práctica diaria está evidenciando las dificultades que su aplicación está generando en el ejercicio profesional: interpretaciones dispares, ajustes organizativos aún en desarrollo, déficits tecnológicos, tensiones derivadas de la implantación apresurada de nuevos modelos y una sobrecarga que, en no pocas ocasiones, recae de nuevo sobre los mismos operadores. En este contexto, el procurador se sitúa, una vez más, en la primera línea del impacto real de la reforma, contribuyendo a articular la correcta aplicación de la norma en la realidad cotidiana del juzgado.

Esta Guía nace precisamente desde esa experiencia práctica compartida. No desde el análisis teórico desvinculado de la realidad, sino desde el conocimiento directo del funcionamiento diario de los tribunales, del ejercicio profesional y de una Administración de Justicia que evoluciona mientras sigue funcionando. Se trata de una obra concebida desde la Procura y para la Procura, con vocación claramente constructiva.

Las páginas que siguen no buscan imponer una lectura única de la Ley Orgánica 1/2025, sino ofrecer criterios y orientaciones prácticas para su correcta aplicación en el ejercicio profesional. El análisis se centra en aquellos aspectos que inciden de forma directa en la función del procurador: en cómo cambia su trabajo, en qué oportunidades se abren y los riesgos que deben ser identificados y prevenidos. Todo ello con un objetivo claro: reforzar el papel del procurador como operador jurídico esencial en el funcionamiento de la Justicia del siglo XXI.

Esta obra se concibe, por tanto, como un instrumento de apoyo y referencia profesional, una guía pensada para acompañar a los profesionales de la procura en uno de los procesos de transformación más profundos que ha experimentado nuestra Administración de Justicia en las últimas décadas.

Porque el futuro de la Justicia no se construye solo con leyes nuevas, sino con profesionales capaces de aplicarlas con conocimiento, prudencia y compromiso. Somos conscientes de que todo cambio genera incertidumbres y exige refuerzos adicionales, que, con el tiempo, las reformas bien orientadas están llamadas a mejorar el sistema y a reforzar la función de quienes lo hacen posible. Y en ese futuro, estoy convencido, la Procura no solo estará presente, será protagonista.

Como decano, y también como procurador, confío en que esta obra se convierta en una herramienta útil para afrontar con criterio y seguridad el momento actual. La tradición nos ha traído hasta aquí, ahora nos corresponde honrarla asumiendo el cambio con responsabilidad y altura institucional.

Porque cuando el sistema cambia, el procurador permanece. Y permanece, precisamente, para garantizar que la transformación normativa se traduzca en una justicia más eficaz, accesible y plenamente operativa.

Javier Segura Zariquiey
Decano del Ilustre Colegio de Procuradores de Barcelona

INTRODUCCIÓN

LA PROCURA EN LA ADMINISTRACIÓN DE JUSTICIA: VALOR HISTÓRICO Y ACTUALIDAD

Actualmente, y debido a la profunda transformación que experimenta el sistema judicial a través de la Ley Orgánica 1/2025, de 2 de enero, de medidas en materia de eficiencia del Servicio Público de Justicia (en adelante, LO 1/2025), se configura un nuevo marco normativo y organizativo que incide directamente en la práctica procesal y, en particular, en la actuación de los profesionales de la Procura. En este contexto, esta guía nace con vocación práctica a partir de la necesidad de adaptar nuestra labor como procuradores a un marco organizativo, procesal y tecnológico renovado, con el propósito de continuar garantizando la tutela judicial efectiva, la representación técnica eficaz y la eficiencia procesal desde una perspectiva funcional y práctica.

Desde sus orígenes, el procurador ha desempeñado un papel clave en el sistema judicial, actuando como nexo fundamental entre los justiciables y los órganos judiciales. La Procura ha sido, y es, una profesión jurídica esencialmente técnica con un valor histórico consolidado y robusto, cuya función resulta imprescindible tanto para el adecuado desarrollo de los procedimientos judiciales como para garantizar con efectividad los derechos de los representados.

Al mismo tiempo, el profesional de la Procura no solo asume la representación procesal con diligencia, rigurosidad y profesionalidad, sino que también colabora activamente con la Administración de Justicia, contribuyendo con ello a su funcionamiento eficaz. En este nuevo y renovado escenario jurídico, y desde una perspectiva funcional, el profesional de la Procura confirma su rol como operador jurídico clave, llamado a integrar de forma progresiva los cambios normativos, organizativos y tecnológicos que introduce la reforma, mediante una formación y actualización permanentes.

No cabe duda de que atravesamos una nueva realidad procesal, pero al mismo tiempo se fortalece la Procura como una profesión jurídica esencial. En esta misma línea, sostiene Segura Zariquiey, J., *«En este renovado con-*

texto procesal, la figura del procurador adquiere una relevancia reforzada como agente coadyuvante e imprescindible en la administración de Justicia. Nuestra labor trasciende ahora más que nunca la mera representación técnica de las partes, erigiéndose en garante de la seguridad jurídica mediante la vigilancia activa del cumplimiento de los procedimientos establecidos y contribuyendo de manera directa a la eficacia real de las resoluciones judiciales»[1].

De este modo, y como profesionales del Derecho[2], somos conscientes de la responsabilidad que implica asumir este nuevo y exigente entorno jurídico. Por ello, esta guía procesal, además de describir los principales cambios normativos, ofrece herramientas prácticas para su interpretación y aplicación en el ejercicio profesional de la Procura. La estructura esquemática del contenido facilita su uso como guía de consulta, permitiendo una adaptación progresiva y sólida a los nuevos retos que se nos presentan.

---

1   SEGURA ZARIQUIEY, J. (2025, 4 de junio). «El papel de la Procura en la transformación digital de la Justicia. Análisis y propuestas de mejora ante los nuevos retos de la organización judicial en nuestro país» (p. 17). *Diario La Ley*. https://shre.ink/trzN).

2   En esta guía, las denominaciones empleadas en género masculino se entenderán referidas indistintamente a mujeres y hombres, en función de la persona que ostente el cargo o la condición correspondiente, todo ello en consonancia con el principio de igualdad de género.

CAPÍTULO I

EFICIENCIA ORGANIZATIVA: REFORMA ESTRUCTURAL Y ORGANIZATIVA DEL SISTEMA JUDICIAL

Sumario 1.1. Comparativa de la estructura judicial: antes y después de la LO 1/2025. 1.2. Creación del Tribunal de Instancia (TI): definición, competencias y la Oficina Judicial en el nuevo modelo. 1.3. Organización de las Secciones del Tribunal de Instancia. 1.4. Introducción al Tribunal Central de Instancia (TCI). 1.5. Oficinas de Justicia en los Municipios (OJM).

Resumen: La creación de los Tribunales de Instancia, de sus secciones y del Tribunal Central de Instancia implica cambios en los flujos de trabajo, en la distribución territorial de los asuntos y en la coordinación con los órganos judiciales. Asimismo, las Oficinas de Justicia en los Municipios suponen una oportunidad para acercar la administración de justicia a la ciudadanía.

Palabras clave: Procura, estructura judicial, Tribunal de Instancia, Tribunal Central de Instancia, Oficinas de Justicia en los Municipios, coordinación procesal, Ley Orgánica 1/2025.

1.1. Comparativa estructura judicial: antes y después de la LO 1/2025

La LO 1/2025, de 2 de enero, de medidas en materia de eficiencia del Servicio Público de Justicia, supone una redefinición de la estructura judicial en España mediante la creación de órganos colegiados y oficinas judiciales especializadas, orientadas a la eficiencia, la especialización y la flexibilidad operativa.

Esta reforma introduce una reorganización de la estructura interna de los órganos judiciales y refuerza la seguridad jurídica, con el objetivo de reducir la litigiosidad y unificar los criterios judiciales, en aras de lograr un sistema más ágil, predecible y eficaz, en el que el procurador, como experto procesalista, asume una función clave para garantizar la correcta conducción de los actos procesales de manera eficiente.

Estructura anterior (Juzgados)	Nueva estructura LO 1/2025 (Tribunal de Instancia)	Competencias y regulación legal
Primera Instancia e Instrucción	Sección única de Civil y de Instrucción	Conoce de materias civiles y de instrucción penal. (arts. 85 y 88 LOPJ; art. 45 LEC; art. 14 LECrim)
Primera instancia	Sección Civil	Se organiza en secciones colegiadas o únicas según volumen de trabajo. (art. 85 LOPJ y art. 45 LEC)
Familia	Sección de Familia, Infancia y Capacidad (se amplía)	Familia, capacidad y tutela de menores. (art. 86 LOPJ)
Mercantil	Sección de lo Mercantil	Mercantil y concursal. (art. 87 LOPJ)
Violencia sobre la Mujer	Sección de Violencia sobre la Mujer	Exclusiva competencia en casos de violencia de género y violencias sexuales (art. 89 LOPJ)
Instrucción/ Penal (nueva creación)	Sección de Violencia contra la infancia y adolescencia	Instrucción de los procesos penales respecto de la infancia y adolescencia. (art. 89 bis LOPJ)
Penal	Sección de lo Penal	Enjuiciamiento de delitos. (art. 90 LOPJ)
Menores	Sección de Menores	Infracciones cometidas por menores. (art. 91 LOPJ)
Vigilancia Penitenciaria	Sección de Vigilancia Penitenciaria	Ejecución de penas privativas de libertad y medidas de seguridad. (art. 92 LOPJ)
Contencioso Administrativo	Sección de lo Contencioso Administrativo	Recursos contenciosos-administrativos. (art. 93 LOPJ)
Social	Sección de lo Social	Materias propias de este orden jurisdiccional. (art. 94 LOPJ)
Juzgados centrales	Tribunal Central de Instancia (nuevo órgano)	Con sede en Madrid y jurisdicción nacional. Integrado por las Secciones de: Instrucción, Penal, Menores, Vigilancia Penitenciaria y de lo Contencioso Administrativo. (art. 95 LOPJ)

1.2. Creación del Tribunal de Instancia (TI): definición, competencias y la Oficina Judicial en el nuevo modelo

El Tribunal de Instancia es el nuevo órgano judicial colegiado que sustituye a los juzgados unipersonales en cada ámbito territorial. Su implantación obedece a criterios de especialización, eficiencia y flexibilidad operativa, orientados no solo a mejorar la calidad de la respuesta jurisdiccional, sino también a racionalizar la carga de trabajo y agilizar la tramitación de los procedimientos, garantizando un acceso a la Justicia ordenado y eficaz.

En este sentido, se menciona en el Preámbulo III de la LO 1/2025, en relación con el establecimiento de los Tribunales de Instancia, que «*simplifica el acceso a la Justicia. Existirá un único tribunal asistido por una única organización que le dará soporte, la Oficina Judicial, y no existirán ya juzgados con su propia forma de funcionamiento. Esta organización judicial y los mecanismos de interrelación que la ley establece entre el Tribunal de Instancia y la Oficina Judicial que le presta apoyo permitirán la corrección de las disfunciones derivadas de las diferentes formas de proceder en aspectos puramente organizativos y procedimentales. Se potencia así la accesibilidad y la confianza de los usuarios y las usuarias en el sistema de Justicia*»[3].

De este modo, cada partido judicial ejercerá su función jurisdiccional mediante el Tribunal de Instancia, que dispondrá, al menos, de una sección única, de civil e instrucción, o bien de una sección civil y otra de instrucción. Estas podrán ser complementadas con secciones especializadas, en función del tamaño del partido judicial, en áreas como familia, mercantil, violencia sobre la mujer, penal, menores, vigilancia penitenciaria, contencioso-administrativo y de lo social. A su vez, estas secciones estarán conformadas por plazas judiciales.

Sin embargo, y en relación con la función jurisdiccional del Tribunal de Instancia, nos dice Gascón Inchausti, F., «Un Tribunal de Instancia no es, en rigor, un órgano jurisdiccional, sino una estructura organizativa compuesta por una o varias Secciones. Cuántas y cuáles sean esas Secciones depende del concreto Tribunal de Instancia y de las circunstancias del partido judicial en el que se constituya. Las Secciones, a su vez, estarán integradas por un número variable de plazas judiciales, cuyos titulares están adscritos funcionalmente a aquellas»[4].

El Tribunal de Instancia actuará como unidad funcional, en la que se procederá al reparto de asuntos de forma automática y equitativa, utilizando los medios informáticos integrados en el sistema judicial.

Su competencia estará integrada por todos los asuntos que antes correspondían a los distintos juzgados de primera instancia y/o instrucción del respectivo partido judicial, lo que exige la rápida adaptación del procurador a esta nueva realidad, reforzando su función en cuanto a la coordinación y seguimiento de los asuntos judiciales.

---

3   Ley Orgánica 1/2025, de 2 de enero, de medidas en materia de eficiencia del Servicio Público de Justicia. **Preámbulo III.** *Boletín Oficial del Estado*, núm. 3, 3 de enero de 2025. BOE-A-2025-76. https://www.boe.es/eli/es/lo/2025/01/02/1/con

4   Gascón Inchausti, F. (2025). «MASC, Tribunales de Instancia, Preconcurso y Concurso de Acreedores: La Ley Orgánica 1/2025». *Revista General de Insolvencias & Reestructuraciones / Journal of Insolvency & Restructuring*, (16), pág. 21. https://revistas.iustel.com

El Tribunal de Instancia se estructura con un presidente o presidenta, quien se erige como figura clave en la organización interna y en la gobernanza de este nuevo modelo judicial. Es elegido por sus pares de entre los propios magistrados que lo integran, lo que refuerza su legitimidad y el carácter colegiado del órgano. Entre sus principales funciones destacan:

- **Organización y coordinación interna:** garantizar el correcto funcionamiento del Tribunal y de sus miembros, adoptando las resoluciones necesarias para asegurar su eficacia operativa (art. 168 LOPJ).

- **Supervisión del reparto de asuntos:** resolver, en única instancia, los recursos gubernativos interpuestos contra las resoluciones de los LAJ en materia de reparto. (art. 168.2.b LOPJ).

- **Promover la unificación de criterios:** impulsar la coherencia interpretativa y práctica entre los distintos jueces, juezas y magistrados del Tribunal de Instancia (arts. 168.2.e y 264 LOPJ).

- **Atención a quejas y sugerencias:** escuchar y tramitar las observaciones sobre el funcionamiento del Tribunal de Instancia formuladas por las partes interesadas en causas o pleitos, adoptando las prevenciones necesarias. (art. 168.1 LOPJ).

- **Representación del tribunal:** ostentar la representación ante los poderes públicos. (art. 169.1 LOPJ).

Desde la perspectiva de la Procura, la Presidencia del Tribunal de Instancia se convierte en un interlocutor esencial. El control del reparto, la supervisión de las incidencias procesales y la unificación de criterios impactan directamente en la labor de la Procura, que requiere seguridad jurídica, previsibilidad y agilidad en la tramitación. La correcta comunicación con esta Presidencia será fundamental para garantizar que el procurador pueda desempeñar eficazmente sus funciones de representación, coordinación con los Letrados de la Administración de Justicia (LAJ) y la ejecución de actuaciones materiales propias del proceso de ejecución.

Nueva organización de la planta judicial

A continuación, se refleja la nueva estructura de la organización judicial integrada por los distintos órganos jurisdiccionales, teniendo como pieza clave de la reforma los nuevos tribunales de instancia[5]:

Esquema de la estructura del Tribunal de Instancia:[6]

TRIBUNAL DE INSTANCIA
(en cada Partido Judicial)

Estructura obligatoria
Presidencia

| Sección Única, Civil y de Instrucción (partidos judiciales que no radican en la capital de provincia) | Sección Civil y de Instrucción (resto de partidos judiciales, se pueden constituir en secciones según la materia) |

Estructura opcional
Secciones especializadas (en función del volumen de trabajo)

---

5   Ley Orgánica 6/1985, de 1 de julio, del Poder Judicial. *Boletín Oficial del Estado*, núm. 157, 2 de julio de 1985. **Art. 26**. BOE-A-1985-12666. https://www.boe.es/eli/es/lo/1985/07/01/6/con

6   Ministerio de la Presidencia, Justicia y Relaciones con las Cortes. (2025, junio). *La Justicia llega al Siglo XXI*. Ventajas de la nueva Oficina Judicial [Dossier sobre la nueva Ley de Eficiencia, Ley_de_eficiencia_DOSSIER.pdf]. Madrid: Ministerio de Justicia. https://www.mjusticia.gob.es/es/JusticiaEspana/NMOJ/Documents/Ley_de_eficiencia_DOSSIER.pdf

Orden Civil	Sección de Familia, Infancia y Capacidad
	Sección de lo Mercantil
Orden Penal	Sección de Instrucción
	Sección de Violencia sobre la Mujer
	Sección de Violencia contra la infancia y adolescencia
	Sección de lo Penal
	Sección de Menores
	Sección de Vigilancia Penitenciaria
Orden Contencioso	Sección de lo Contencioso Administrativo
Orden Social	Sección de lo Social

La Oficina Judicial en el nuevo modelo

La **Oficina Judicial** es una entidad organizativa de carácter instrumental destinada a dar soporte y apoyo a la actividad jurisdiccional de Jueces y Tribunales. De este modo, los Tribunales de Instancia estarán asistidos por la Oficina Judicial, como núcleo central de apoyo administrativo, con el fin de proporcionar coordinación, apoyo técnico, soporte documental y gestión procesal a todas sus secciones[7].

Su actividad se desarrolla a través de **servicios comunes**, como forma de organización principal[8]. Estos servicios comunes se estructuran en áreas y equipos para facilitar el ejercicio de la función jurisdiccional y mejorar la eficiencia.

La LO 1/2025 busca que la Oficina Judicial opere con criterios de agilidad, eficacia, eficiencia, racionalización del trabajo, responsabilidad por la gestión, coordinación y cooperación entre administraciones, con el objetivo de ofrecer un servicio cercano y de calidad a la ciudadanía. Se aspira a una unificación de criterios y a la homogeneidad en las prácticas organizativas y procedimentales.

Los principales servicios comunes que componen la Oficina Judicial son:

Servicio Común	Funciones Principales
Servicio Común de Tramitación (SCT) (art. 437 LOPJ) En todas las oficinas judiciales	Unidad necesaria de la Oficina Judicial. Realiza todas las funciones requeridas para la ordenación del procedimiento y asiste a los jueces en el ejercicio de sus funciones. El Letrado de la Administración de Justicia (LAJ) que lo dirige asume la coordinación con la Presidencia del Tribunal y con el resto de los servicios comunes

---

7   Ley Orgánica 6/1985, de 1 de julio, del Poder Judicial, **art. 435**.

8   LOPJ, **art. 436.1**.

Servicio Común General (SCG) (art. 438 LOPJ)	Realiza funciones de gestión y apoyo transversales, como el registro y reparto de asuntos, actos de comunicación y apoyo a la ejecución, auxilio judicial y atención al público.
Servicio Común de Ejecución (SCE) (art. 438 LOPJ)	Tiene por función la ordenación de los procesos de ejecución.

Existen **tres modelos de referencia**[9] de Oficina Judicial (A, B y C) en función del número de plazas judiciales del Tribunal de Instancia, determinando la presencia de los siguientes servicios comunes:

Modelo	Plazas judiciales del TI	Servicio Comunes que lo integran
A	Hasta 4 plazas	Servicio Común de Tramitación (SCT)
B	De 5 a 7 plazas	Servicio Común de Tramitación (SCT) y Servicio Común General (SCG)
C	8 o más plazas	Servicio Común de Tramitación (SCT), Servicio Común General (SCG), y Servicio Común de Ejecución (SCE)

La implantación de la Oficina Judicial es simultánea a la de los Tribunales de Instancia e inició su despliegue de forma escalonada en distintas fases a lo largo del año 2025.

Desde nuestra posición como procuradores, esta transformación no es meramente de carácter orgánico formal, sino que **redefine la interacción diaria con los órganos judiciales**, condiciona los flujos de comunicación procesal y exige una actualización constante de nuestras competencias y herramientas.

1.3. Organización de las secciones del tribunal de instancia

Cada Tribunal de Instancia está estructurado en secciones especializadas por materia. Estas secciones son unidades colegiadas desde el punto de vista organizativo, lo que permite una mayor homogeneidad en los criterios jurisdiccionales y una distribución equitativa de las cargas de trabajo.

El ejercicio de la función jurisdiccional corresponde a los jueces y magistrados adscritos funcionalmente a cada sección. La distribución de los asuntos se realizará mediante normas de reparto predeterminadas y públicas. En casos de especial complejidad, volumen o número de intervinientes, la instrucción o el enjuiciamiento en primera instancia podrá corresponder conjuntamente a tres jueces o magistrados de la sección, actuando uno de ellos como ponente.

---

9   Ilustre Colegio de Procuradores de Barcelona. (2025, 18 de junio). *Avís 135/25: Presentació sobre la Llei Orgànica 1/2025 del Ministeri de la Presidència, Justícia i Relacions amb les Corts.*

Para el profesional de la Procura, resulta imprescindible tener en cuenta esta nueva estructura al presentar escritos, concertar actos de comunicación o realizar el seguimiento de los procedimientos judiciales, puesto que la asignación ya no dependerá de un tribunal concreto, sino de la sección correspondiente y de sus normas internas de reparto.

Entrada en funcionamiento de los Tribunales de Instancia[10]:

Conforme al calendario escalonado de implantación establecido en las Disposiciones Transitorias (DT) 1.ª y 2.ª de la LO 1/2025, pueden distinguirse las siguientes fases:

Fase y fecha de implantación	Partidos judiciales y órganos de origen	Transformación normativa
1 (día 1 de julio de 2025)	Juzgados de 1.ª Instancia e Instrucción y Juzgados de Violencia sobre la Mujer, en partidos donde no existan otro tipo de juzgados.	Pasarán a constituirse como: – Sección Única Civil y de Instrucción – Sección de Violencia sobre la Mujer
2 (día 1 de octubre de 2025)	Juzgados de 1.ª Instancia, de Instrucción y Juzgados de Violencia sobre la Mujer, en partidos judiciales donde no existan otro tipo de juzgados.	Pasarán a constituirse como: – Sección Civil – Sección de Instrucción – Sección de Violencia sobre la mujer
3 (día 31 de diciembre de 2025)	Resto de juzgados no integrados en la fase 1 y 2 y Tribunal Central de Instancia.	Se transformarán en las respectivas Secciones del Tribunal de Instancia o del Tribunal Central de Instancia: – Sección Civil – Sección de Familia, Infancia y Capacidad – Sección de lo Mercantil – Sección de Instrucción – Sección de Violencia sobre la Mujer – Sección de lo Penal – Sección de Menores – Sección de Vigilancia Penitenciaria – Sección de lo Contencioso Administrativo – Sección de lo Social

---

10   ICPB, **Avís 135/25**, 18 de junio de 2025.

1.4. Introducción al Tribunal Central de Instancia (TCI)

La LO 1/2025, de 2 de enero, de medidas en materia de eficiencia del Servicio Público de Justicia, contempla la creación del Tribunal Central de Instancia, con sede en Madrid y con jurisdicción en todo el territorio nacional[11].

El TCI se configura como un órgano judicial colegiado desde el punto de vista organizativo. Su constitución se estableció para el 31 de diciembre de 2025[12], mediante la transformación de los actuales Juzgados Centrales en las secciones del Tribunal Central de Instancia.

En cuanto a su estructura y competencias, el Tribunal Central de Instancia contará con una Presidencia y diversas Secciones: de Instrucción, de lo Penal, de Menores, de Vigilancia Penitenciaria y de lo Contencioso-Administrativo.

El TCI será asistido por un servicio común de tramitación de la Oficina Judicial correspondiente, al igual que los Tribunales de Instancia ordinarios.

Para la Procura, implica familiarizarse con su ámbito competencial y con los canales telemáticos que permitirán una comunicación eficiente con un órgano de alcance nacional, exigiendo con ello una mayor especialización técnica para la correcta interposición y seguimiento de los procedimientos.

	Secciones (art. 95 LOPJ)
Tribunal Central de Instancia (sede en Madrid)	Sección de Instrucción
	Sección de lo Penal
	Sección de Menores
	Sección de Vigilancia Penitenciaria
	Sección de lo Contencioso-Administrativo

1.5. Oficinas de Justicia en los Municipios (OJM)

Las Oficinas de Justicia en los Municipios (OJM), introducidas por la LO 1/2025, de 2 de enero, de medidas en materia de eficiencia del Servicio Público de Justicia, representan una transformación de los antiguos Juzgados de Paz, y se implementan de forma simultánea a los Tribunales de Instancia y, aunque no están integradas en la estructura de la Oficina Judicial del partido judicial, se constituyen en el ámbito de la organización de la Admi-

---

11   Ley Orgánica 6/1985, de 1 de julio, del Poder Judicial, **art. 95.**

12   Ley Orgánica 1/2025, de 2 de enero, de eficiencia del Servicio Público de Justicia, Disposición transitoria segunda.

nistración de Justicia con el objetivo de acercar los servicios judiciales a los ciudadanos de los respectivos municipios[13].

Los Jueces de Paz ejercerán sus funciones con la asistencia de la Oficina de Justicia. Su nombramiento se hará conforme a los estatutos de autonomía en aquellas comunidades autónomas (CC. AA) con competencias transferidas en materias de justicia de paz o de proximidad.

En cuanto a sus funciones, las OJM mantienen y amplían los servicios actuales[14]:

Función	Descripción y alcance
Puntos de atención procesal y apoyo	Actúan como ventanilla única, acercando la Administración de Justicia a todos los municipios, especialmente en zonas rurales o con menor carga judicial.
Práctica de actos de comunicación procesal	Realización de notificaciones, citaciones, emplazamientos, y requerimientos a los residentes del municipio, especialmente cuando no puedan realizarse electrónicamente.
Gestión de solicitudes y certificados	Recepción y gestión de peticiones dirigidas a las gerencias territoriales (por ej. antecedentes penales, delitos de naturaleza sexual o últimas voluntades), y recepción de solicitudes de Asistencia Jurídica Gratuita y su remisión a los Colegios de la Abogacía.
Colaboración con el Registro Civil	Prestación de los servicios de colaboración que determinen la Ley y el Reglamento del Registro Civil (por ej, nacimientos, defunciones, fe de vida)
Servicios complementarios y tecnológicos	Práctica de actuaciones mediante videoconferencias seguras (vistas, declaraciones) y colaboración con las unidades de MASC.

Para los procuradores, esto significa que muchas gestiones que antes requerían personarse en sedes judiciales más alejadas, o en un Juzgado de Paz con funciones más limitadas, ahora podrán realizarse de forma más accesible y con un catálogo de servicios ampliado en estas oficinas. Esto se traduce en una mayor facilidad para la práctica de actos de comunicación, una mayor interacción con los MASC, donde las OJM servirán de punto de apoyo para esta actividad en la fase prejudicial, y la necesidad indispensable de adaptarse a un entorno judicial cada vez más digitalizado.

---

13   Ley Orgánica 6/1985, de 1 de julio, del Poder Judicial, **art. 439 ter.**

14   LOPJ, **art. 439 quater.**

CAPÍTULO II

EFICIENCIA PROCESAL CIVIL

Resumen: Este capítulo examina, desde la perspectiva de la Procura, las modificaciones introducidas en el ámbito civil por la LO 1/2025, de 2 de enero de 2025, de medidas en materia de eficiencia del Servicio Público de Justicia. Se destaca la importancia de conocer y aplicar las modificaciones en los procedimientos declarativos y en la ejecución civil, así como la obligatoriedad, en determinados supuestos, de los Medios Adecuados de Solución de Controversias (MASC). Describe su definición, aplicación, procedimientos afectados y su eficacia jurídica, destacando no sólo su papel como requisito previo antes de acudir a la vía judicial, sino también su finalidad de prevenir abusos en el ejercicio del servicio público de justicia.

Al mismo tiempo, se abordan las novedades relativas al juicio verbal, la flexibilización de las vistas, y la posibilidad de dictar resoluciones orales. En este aspecto, destaca la actuación del procurador no sólo como actor que colabora con la Administración de Justicia, sino también como garante de la celeridad, la seguridad jurídica y la integridad del expediente electrónico dentro del marco competencial propio. En este contexto, el procurador asume un papel activo en la fase previa al proceso, asegurando que las actuaciones cumplan los requisitos formales para evitar inadmisiones. En la **tramitación del procedimiento,** gestiona el **control de plazos y notificaciones,** la **subsanación de defectos,** la coordinación con la **Oficina Judicial** y el uso de **plataformas digitales oficiales** (presentación telemática, acceso seguro, trazabilidad, etc.). En relación con la fase de **ejecución,** realiza el **control de embargos, señalamientos y gestión procesal de bienes,** impulsando la **subasta electrónica** y, desde luego, asumiendo las competencias delegadas propias del proceso de ejecución.

Palabras clave: Procura, procedimiento civil, MASC, reforma procesal, mediación, conciliación, arbitraje, asesoramiento previo, control procesal, requisito de procedibilidad, ejecución forzosa, subastas electrónicas, Ley Orgánica 1/2025.

2.1. Modificaciones en los procedimientos civiles

La Ley Orgánica 1/2025, de 2 de enero, de medidas en materia de eficiencia del Servicio Público de Justicia, junto con otras reformas como el Real Decreto-ley 6/2023, busca agilizar la tramitación de los procedimientos y reducir la litigiosidad mediante la promoción de vías alternativas de resolución de conflictos. Estas medidas persiguen aumentar la eficiencia del sistema judicial, adaptarlo a las necesidades actuales de la sociedad y mejorar el acceso de la ciudadanía a la Justicia.

2.1.1. Principales cambios y procedimientos afectados[15]

En la **tramitación de** los procedimientos declarativos civiles, tanto ordinarios como verbales, se exige el mismo requisito previo, esto es, el uso de **medios adecuados de resolución de controversias (MASC)** como **requisito de procedibilidad** previo al inicio de la vía judicial.

Se adopta un procedimiento común con fases simplificadas, impulso digital y obligatoriedad del intento de solución extrajudicial previa (MASC). Se refuerza la actuación del procurador desde la interposición de la demanda hasta la ejecución. Se potencia la función de la audiencia previa como filtro procesal y espacio de depuración de hechos y prueba.

---

15   Consejo General de Procuradores de España. (2025, 10 de enero). **Avís 6/25:** Nota sobre las modificaciones legales introducidas por la Ley Orgánica 1/2025.

2.1.2. Audiencia previa al juicio

En los juicios ordinarios, una vez contestada la demanda o, en su caso, la reconvención, se convocará a las partes a una audiencia previa[16] que tiene por finalidad principal intentar un acuerdo o transacción entre las partes, así como examinar cualquier circunstancia que pueda impedir la continuación válida del procedimiento y su terminación mediante sentencia sobre su objeto. Entre estas circunstancias se incluyen cuestiones como la falta de capacidad de los litigantes, la representación, la cosa juzgada o la litispendencia, la falta del debido litisconsorcio o la inadecuación del procedimiento. Asimismo, la audiencia permite determinar con precisión el objeto del litigio y los puntos de hecho y de derecho en que exista controversia entre las partes; y en su caso, proponer y admitir prueba.

En este sentido, de Miranda Vázquez, C., nos ofrece una definición que refleja con claridad conceptual esta fase procesal: «*La audiencia previa del juicio civil declarativo ordinario es una fase procesal, integrante del proceso decisorio, situada a caballo entre la fase de alegaciones escritas y el acto del juicio. Como es bien sabido, su propósito principal es la preparación del juicio, cuando no su evitación*»[17].

Asimismo, se plantea la posibilidad de que las partes, de común acuerdo, puedan solicitar la suspensión del proceso, de conformidad con lo previsto en el art. 19.4 de la LEC, para someterse a un medio adecuado de solución de controversias[18], o bien, una vez fijados los hechos, y a la vista del objeto de la controversia, el tribunal podrá instar a las partes para que lleguen a un acuerdo que ponga fin al litigio[19].

Del mismo modo, en el juicio verbal se reproduce la situación antes señalada, es decir, una vez abierto en el acto de la vista, el tribunal comprobará si aún persiste el litigio o bien, las partes de común acuerdo podrán solicitar la suspensión del procedimiento para acudir a un MASC[20].

De esta manera, la ley busca agilizar los trámites iniciales para minimizar las incidencias procesales que pudieran entorpecer el normal desarrollo del procedimiento.

---

16 Ley 1/2000, de 7 de enero, de Enjuiciamiento Civil, **art. 414.**

17 de Miranda Vázquez, C. (2020). «La fase dialéctica de la audiencia previa» (p. 416). *Revista de derecho procesal.*

18 Ley 1/2000, de 7 de enero, de Enjuiciamiento Civil, **arts. 19.4 y 415 LEC.**

19 LEC, **art. 428.2.**

20 LEC, **art. 443.**

2.1.3. Personas con discapacidad y personas mayores[21]

La LO 1/2025 incorpora el art. 7 bis en la Ley de Enjuiciamiento Civil (LEC) estableciendo las medidas necesarias para garantizar la inclusión en condiciones equitativas de estos colectivos vulnerables. El objetivo es eliminar las barreras que les impiden participar en los procesos judiciales en igualdad de condiciones y contribuir a la creación de un servicio público de justicia más cercano al justiciable. A estos efectos, se consideran personas mayores aquellas que han alcanzado los sesenta y cinco años o más.

Para el profesional de la Procura, resulta esencial tener en cuenta las siguientes garantías procesales derivadas de este precepto:

Comunicaciones adaptadas: Se establece que todas las comunicaciones, ya sean orales o escritas, dirigidas a personas con discapacidad, a personas de ochenta o más años, y a personas mayores que lo hubieren solicitado, deben realizarse en un lenguaje claro, sencillo y accesible. Esto exige adaptarse a sus características personales y necesidades, incluyendo el uso de medios como la lectura fácil y la asistencia de un profesional experto o facilitador cuando sea necesario para que la persona pueda entender y ser entendida. Si es preciso, la comunicación también se hará a la persona que preste apoyo a la persona con discapacidad para el ejercicio de su capacidad jurídica.

Ajustes de oficio y tramitación preferente: Para las personas mayores de ochenta años o más, los ajustes o adaptaciones se realizarán tanto a petición de la persona interesada como también de oficio por el propio Tribunal, y sus procedimientos tendrán tramitación preferente.

Promoción de MASC: En los procedimientos donde intervengan personas mayores, se valorará esta circunstancia para promover la solución de los conflictos a través de los Medios Adecuados de Solución de Controversias (MASC), con especial consideración al principio de igualdad entre las partes[22].

2.2. MASC: Medios Adecuados de Solución de Controversias

En este contexto de reorganización procesal, la Ley Orgánica 1/2025 introduce una de las transformaciones más significativas del sistema procesal civil con la **incorporación de los MASC como requisito de procedibilidad** para la mayoría de los procesos declarativos civiles. Esta exigencia trasciende la tradicional promoción de métodos extrajudiciales de resolución de conflictos, imponiendo su acreditación como paso previo para la admisión a trámite de la demanda.

---

21   Ley 1/2000, de 7 de enero, de Enjuiciamiento Civil, **art. 7 bis**.

22   LEC, **art. 19.5**.

La finalidad de esta reforma es clara: reducir la litigiosidad, descargar a los órganos jurisdiccionales y fomentar una cultura de resolución dialogada de los conflictos, en consonancia con los principios del Plan Estratégico «Justicia 2030» y los estándares europeos en materia de acceso a la justicia.

Desde la perspectiva de la Procura, esta novedad legislativa exige un conocimiento profundo de los distintos MASC (negociación directa, mediación, conciliación, opinión de persona experta independiente, oferta vinculante confidencial y proceso de derecho colaborativo), así como de sus implicaciones documentales y procesales, dada su incidencia directa en la admisión, subsanación y eficacia de los procedimientos judiciales. La correcta intervención del procurador, tanto en la acreditación del cumplimiento de los MASC como en la defensa de su validez procesal, se torna estratégica en esta nueva configuración del acceso a la jurisdicción.

2.2.1. Definición y fundamento legal (Título II, Cap. I LO 1/2025)

Los Medios Adecuados de Solución de Controversias (MASC) se definen como: «*cualquier tipo de actividad negociadora, reconocida en esta u otras leyes, estatales o autonómicas, a la que las partes de un conflicto acuden de buena fe con el objeto de encontrar una solución extrajudicial al mismo, ya sea por sí mismas o con la intervención de una tercera persona neutral*»[23].

Son considerados una medida imprescindible para la consolidación de un servicio público de justicia sostenible.

Debemos destacar que los MASC se fundamentan en el **principio de autonomía privada**[24], lo que permite a las partes convenir o transigir sobre sus derechos e intereses, siempre que dicho acuerdo no sea contrario al ordenamiento jurídico, la buena fe o al orden público.

Tal como se dispone en el artículo 5 de la LO 1/2025, el intento de acudir a estos medios constituye una herramienta de obligado cumplimiento por las partes antes de iniciar un determinado procedimiento judicial, configurándose como **requisito de procedibilidad**[25].

---

23   Ley Orgánica 1/2025, de 2 de enero, de eficiencia del Servicio Público de Justicia. **art. 2**.

24   Ley Orgánica 1/2025, de 2 de enero, de eficiencia del Servicio Público de Justicia, **art. 4**.

25   LO 1/2025, **art. 5**.

En relación con lo anterior, debemos indicar que el fundamento normativo esencial se encuentra en los siguientes artículos:

Artículo LO 1/2025	Fundamento normativo
art. 2 a 19	Definen y regulan los Medios Adecuados de Solución de Controversias (MASC), clasificación, principios rectores y efectos.
art. 5	Configura el requisito de procedibilidad. Establece la obligatoriedad general del intento de MASC en los procesos declarativos de la LEC, salvo las materias excluidas por la propia ley

Asimismo, esta norma integra un conjunto de MASC, que incluyen, entre otros: la mediación, la conciliación (judicial o extrajudicial), la negociación directa entre las partes, la oferta vinculante confidencial (OVC), la opinión de persona experta independiente y el proceso de derecho colaborativo.

El intento acreditado de acudir a un MASC y la aportación de su correspondiente acta o documento justificativo constituye una condición indispensable para la admisión de la demanda[26]. Su omisión material, es decir, la falta del intento de actividad negociadora previa constituye un defecto insubsanable que determinará la inadmisión de la demanda; por el contrario, la mera falta de aportación documental de dicho intento conllevará el requerimiento de subsanación.

Con el fin de precisar el marco normativo aplicable, se incorpora a continuación un cuadro sistemático que recoge los preceptos esenciales de la LO 1/2025 relativos a los MASC, su ámbito de aplicación, los procedimientos afectados y su fundamento normativo como requisito de procedibilidad.

MASC	Aplicación	Procedimientos Afectados	Fundamento normativo
Mediación	Voluntaria en su inicio, pero su intento permite cumplir el requisito de procedibilidad. Se admite en modalidad presencial o por medios electrónicos.	Procesos declarativos civiles y mercantiles (salvo excepciones del art. 5.2 LO 1/2025)	art. 14 LO 1/2025. Ley 5/2012 del 6 de Julio[27]. RD 980/2013, de 13 de diciembre[28]. art. 5.1 LO 1/2025.

---

26   LO 1/2025, de 2 de enero, de eficiencia del Servicio Público de Justicia, **art. 10.**

27   Ley 5/2012, de 6 de julio, de mediación en asuntos civiles y mercantiles. Boletín Oficial del Estado, núm. 162, 7 de julio de 2012. https://www.boe.es/eli/es/l/2012/07/06/5/con

28   Real Decreto 980/2013, de 13 de diciembre, por el que se desarrollan determinados aspectos de la Ley 5/2012, de 6 de julio, de mediación en asuntos civiles y mercantiles. Boletín Oficial del Estado, núm. 310, 27 de diciembre de 2013. https://www.boe.es/eli/es/rd/2013/12/13/980/con

Conciliación	Puede realizarse ante notario, registrador o Letrado de la Administración de Justicia; o de forma privada ante profesional colegiado.	Procesos declarativos civiles y mercantiles. (En el ámbito laboral rige el requisito previo específico de conciliación/ mediación ante el SMAC)	art. 15 y 16 LO 1/2025. art. 47 LEC[29]. art. 81[30] y ss. Ley del Notariado. art. 103 bis Ley Hipotecaria[31]. Ley 15/2015[32], de 2 de julio, de la Jurisdicción Voluntaria.
Oferta Vinculante Confidencial (OVC)	Propuesta escrita y formal con efectos vinculantes para el oferente, limitada en el tiempo para su aceptación.	Procesos de reclamación de cantidad, y de cumplimiento o resolución contractual.	art. 17 LO 1/2025.
Opinión de Experto independiente	Informe emitido por experto acreditado, de carácter no vinculante, con formación acreditada en la materia.	Conflictos de carácter técnico o patrimoniales complejos.	art. 18 LO 1/2025.
Derecho Colaborativo	Negociación estructurada entre las partes y sus letrados con el compromiso de no judicializar el conflicto mientras dure este proceso.	Derecho de familia, sucesiones, conflictos societarios y arrendamientos complejos, entre otros.	art. 5 y 19 LO 1/2025.
Negociación directa	Intercambio de propuestas directamente entre las partes o a través de sus abogados, sin intervención de un tercero neutral.	Procesos declarativos civiles y mercantiles en general.	arts. 5.1 y 10.2 LO 1/2025.

---

29   Ley 1/2000, de 7 de enero, de Enjuiciamiento Civil. **art. 47.**

30   Ley del Notariado, de 28 de mayo de 1862. Gaceta de Madrid, núm. 149, 29 de mayo de 1862. https://www.boe.es/eli/es/l/1862/05/28/(1)/con

31   Decreto de 8 de febrero de 1946, por el que se aprueba la nueva redacción oficial de la Ley Hipotecaria. Boletín Oficial del Estado, núm. 58, 27 de febrero de 1946. https://www.boe.es/eli/es/d/1946/02/08/(1)/con

32   Ley 15/2015, de 2 de julio, de la Jurisdicción Voluntaria. Boletín Oficial del Estado, núm. 158, 3 de julio de 2015, Título IX. https://www.boe.es/eli/es/l/2015/07/02/15/co

2.2.2. Procedimientos afectados y excepciones

Como regla general de obligatoriedad, el intento de acudir a un MASC como requisito de procedibilidad en todos los procesos declarativos civiles y mercantiles del Libro II de la LEC, y procesos especiales del Libro IV de la LEC. Esta exigencia incluye los supuestos transfronterizos (art. 3.1 LO 1/2025). El incumplimiento de este requisito procesal conlleva la inadmisión de la demanda.

Jurisdicción	Exigencia de MASC previo	Detalle practico para el procurador
Civil	Obligatorio	Regla General: En todos los procesos declarativos (Ordinarios y Verbales) y especiales del Libro IV de la LEC. Excepciones (NO es necesario MASC, arts. 3.2, 5.2 y 5.3 LO 1/2025): materia concursal, adopción de medidas de apoyo a personas con discapacidad, filiación, paternidad y maternidad, tutela judicial de derechos fundamentales, medidas cautelares previas, demandas ejecutivas, y tutela sumaria de la posesión, entre otros. Violencia de género y sexual: prohibido el uso de MASC (art. 89.9 LOPJ).
Consumo	Obligatorio (DA 7.ª LO 1/2025)	Especialidad: Se entiende cumplido el requisito aportando la reclamación extrajudicial previa hecha a la empresa o al profesional si no han contestado en plazo o han rechazado la pretensión (art. 439. bis LEC). No hace falta mediador externo.
Social	No aplica LO 1/2025 (art. 3.2 LO 1/2025)	Queda excluida la materia laboral del ámbito de la LO 1/2025. Sigue vigente el requisito tradicional de la conciliación o mediación previa regulada en su propia normativa.
Contencioso-administrativo	No obligatorio (art. 3.2 LO 1/2025)	La Ley excluye expresamente los asuntos donde una parte sea una entidad del Sector Público. No es requisito de admisión.
Penal	No obligatorio (art. 3.2 LO 1/2025)	Excluido. Solo cabe justicia restaurativa voluntaria una vez iniciado el proceso (DA 9.ª LECrim), pero nunca es requisito para poner la denuncia o querella.

Además de lo dispuesto en la LO 1/2025 y la LEC, las diferentes Juntas de Jueces y Audiencias Provinciales han aprobado acuerdos de unificación de criterios que orientan la aplicación práctica de estas excepciones, especialmente en materias de familia, procesos monitorios y ocupación ilegal. Estos acuerdos se recogen en el Anexo I para su consulta práctica.

2.2.3. Efectos jurídicos y control judicial

Con carácter general, se exigirá la actividad negociadora previa a la vía jurisdiccional como **requisito de procedibilidad** para la admisibilidad de la demanda en el orden jurisdiccional civil. Este requisito se aplica a todos los procesos declarativos del Libro II y a los procesos especiales del Libro IV de la Ley 1/2000, de 7 de enero, de Enjuiciamiento Civil.

Sin embargo, la ley prevé una serie de **excepciones** relevantes en las que no será preciso acudir a un MASC previo:

Artículo	Materias y actuaciones procesales exceptuadas del MASC
art. 5.2 LO 1/2025	Tutela judicial civil de derechos fundamentales
	Adopción de medidas previstas en el art. 158 del Código Civil[33]
	Adopción de medidas judiciales de apoyo a personas con discapacidad.
	Filiación, paternidad y maternidad.
	Tutela sumaria de la tenencia o de la posesión de una cosa o derecho por quien haya sido despojado de ellas o perturbado en su disfrute.
	Pretensión de que el tribunal resuelva, con carácter sumario, la demolición o derribo de obra, edificio, árbol, columna o cualquier otro objeto análogo en estado de ruina y que amenace causar daños a quien demande
	El ingreso de menores con problemas de conducta en centros de protección específicos, la entrada en domicilios para la ejecución forzosa de medidas de protección de menores o la restitución o retorno de menores en casos de sustracción internacional
	El juicio cambiario
art. 5.3 LO 1/2025	Interposición de una demanda ejecutiva
	Solicitud de medidas cautelares previas a la demanda
	Solicitud de diligencias preliminares
	Iniciación de expedientes de jurisdicción voluntaria. (Excepción: si es obligatorio acudir a un MASC para los expedientes de intervención judicial por desacuerdos conyugales, administración de gananciales o ejercicio de la patria potestad).
	Petición de requerimiento europeo de pago conforme al Reglamento (CE) n.º 1896/2006 del Parlamento Europeo y del Consejo, de 12 de diciembre de 2006, por el que se establece un proceso monitorio europeo, o solicitar el inicio de un proceso europeo de escasa cuantía, conforme al Reglamento (CE) n.º 861/2007 del Parlamento Europeo y del Consejo, de 11 de julio de 2007, por el que se establece un proceso europeo de escasa cuantía.

Por otro lado, debemos señalar que las materias laboral, penal y concursal, así como los asuntos en los que una de las partes sea una entidad perteneciente al sector público, también están excluidas del ámbito de aplicación general de esta ley para los Medios Adecuados de Solución de Controversias (MASC). Esto se debe a que sus normativas reguladoras ya prevén instrumentos de solución pactada[34] acomodados a la naturaleza de estas materias, o

---

33   Código Civil. Real Decreto de 24 de julio de 1889 por el que se publica el Código Civil. *Gaceta de Madrid*, núm. 206, 25 de julio de 1889. https://www.boe.es/eli/es/rd/1889/07/24/(1)/con

34   Il·lustre Col·legi de Procuradors de Barcelona. (2025). **Annex avís 6**: *Nota sobre la LO 1/2025,*

por estar regidas por principios incompatibles con el carácter dispositivo de los MASC (como en las materias penales o en las que interviene la Administración pública bajo el principio de legalidad y autotutela).

Control judicial del requisito de procedibilidad:

Delimitados los efectos de la actividad negociadora previa sobre la admisión de la demanda, es necesario concretar el alcance del control que corresponde al órgano judicial y al Letrado de la Administración de Justicia (LAJ) en esta fase preliminar. El siguiente cuadro sintetiza los elementos esenciales del MASC, su naturaleza jurídica, su incidencia en la admisión, el control y las consecuencias procesales derivadas.

Elemento	Descripción y efectos prácticos
Naturaleza jurídica	Acto previo a la vía jurisdiccional, obligatorio y con acreditación de carácter documental. Condiciona la admisión de la demanda (art. 5.1 LO 1/2025).
Efectos en la admisión de la demanda	Requisito de procedibilidad. Debe existir una identidad entre el objeto de la negociación y el objeto del litigio, aun cuando las pretensiones que pudieran ejercitarse, en su caso, en vía judicial sobre dicho objeto pudieran variar (art. 5.1 LO 1/2025). La ausencia total del intento de negociación previa constituye un defecto insubsanable; sin embargo, si lo que falta o es defectuoso es únicamente el documento acreditativo, el LAJ requerirá su subsanación (Acuerdos AP Barcelona). Si no es subsanado, la demanda será inadmitida (arts. 264.4.º y 403.2 LEC).
Control judicial	Control formal por parte del LAJ de los documentos procesales, ya sea para verificar el cumplimiento o la imposibilidad justificada de llevar a cabo el MASC (arts. 264.4.º y 403.2 LEC).
Valor del acuerdo alcanzado	Puede ser elevado a escritura pública o homologado judicialmente. Constituye título ejecutivo (arts. 12 y 13 LO 1/2025; art. 517.2.2.º y 3.º LEC).
Consecuencias de la omisión del MASC	Inadmisión de la demanda (salvo causas justificadas legalmente). Posible condena en costas o imposición de multas por mala fe o abuso del servicio público de Justicia (arts. 247.3, 394.4 y 395.1 LEC)
Efectos sobre los plazos sustantivos	La solicitud de inicio de la actividad negociadora interrumpe la prescripción o suspende la caducidad si hubo intento fehaciente de comunicación (art. 7 LO 1/2025)

Sobre esta base, corresponde analizar las particularidades operativas del intento de mediación cuando se utiliza para acreditar el requisito de procedibilidad, especialmente en relación con plazos, efectos sobre la prescripción y la confidencialidad del procedimiento.

A mayor abundamiento, conviene destacar lo que afirma otro sector de la doctrina, entre el que destaca **Sánchez García. J**, quién a propósito del

---

de 2 de enero, de medidas en materia de eficiencia del Servicio Público de Justicia (p. 30). Barcelona: ICPB. https://newsletter.icpb.es/uploads/Annex-avís-6-Nota-LO-1-2025.pdf

análisis de los acuerdos adoptados por la Audiencia Provincial de Ourense en materia de MASC, subraya que «*el control judicial del requisito de procedibilidad no puede derivar de una revisión sustantiva del contenido de la actividad negociadora, sino que debe circunscribirse a la **verificación objetiva de su existencia**, adecuación al objeto del litigio y el cumplimiento de los mínimos legalmente exigidos, evitando interpretaciones excesivamente rigoristas que puedan comprometer el derecho fundamental a la tutela judicial efectiva*»[35].

En este sentido, se pone de relieve que la finalidad del legislador no es imponer una negociación forzada ni exigir resultados concretos, sino acreditar una **conducta previa diligente** orientada a la resolución extrajudicial del conflicto, de modo que la ausencia de acuerdo no puede, por sí sola, operar en perjuicio de la parte actora si consta un intento real, verificable y conforme a derecho.

Si se opta por el intento de **mediación** como requisito de procedibilidad, la duración de la mediación **no podrá exceder de tres meses** desde la recepción de la solicitud por el mediador[36].

Por otro lado, en cuanto a la solicitud de inicio de mediación, esta **interrumpirá la prescripción o suspenderá la caducidad de acciones**. El cómputo de los plazos desde la fecha en la que conste la recepción de dicha solicitud por el mediador o el depósito ante la institución de mediación en su caso se reiniciará o reanudará, respectivamente, si en el plazo de **quince días naturales** no se intenta la comunicación con la otra parte o no se celebra la primera reunión desde la recepción de la propuesta por la parte requerida para alcanzar un acuerdo o bien, si no se obtiene respuesta por escrito[37].

Es importante destacar que, en el caso que se inicie un proceso judicial con el mismo objeto que una actividad negociadora previa intentada sin acuerdo, los tribunales deberán valorar la colaboración de las partes en la solución consensuada y el eventual **abuso del servicio público de justicia** al pronunciarse sobre las costas o su tasación, así como para la imposición de multas o sanciones[38].

El procedimiento de mediación y la documentación utilizada son por naturaleza de carácter estrictamente **confidencial**, salvo la información relativa a

---

35   Sánchez García, J. (2025, 1 de septiembre). *Análisis de los acuerdos de la Audiencia Provincial de Ourense sobre los MASC. Economist & Jurist*. https://www.economistjurist.es/articulos-juridicos-destacados/analisis-de-los-acuerdos-de-la-audiencia-provincial-de-ourense-sobre-los-masc/

36   Ley 5/2012, de 6 de julio, de mediación en asuntos civiles y mercantiles. **art. 20**.

37   Ley 5/2012, **art. 4**.

38   Ley Orgánica 1/2025, de eficiencia del Servicio Público de Justicia **art. 7.4**.

la asistencia de las partes y al objeto de la controversia[39]. Lo anterior es reconocido tanto por la jurisprudencia como por la doctrina. En este sentido, Marques Cebola. C, nos ofrece una afirmación incuestionable en este aspecto, *«La confidencialidad es inherente a la mediación. De este modo, podremos afirmar que la aplicación de la mediación acarrea que el mediador y las partes tengan la obligación de mantener reserva absoluta sobre las informaciones divulgadas en las sesiones o, al menos, las declaraciones manifestadas ante el mediador por las partes no podrán ser valoradas como prueba en un proceso judicial»*[40].

Esta obligación de confidencialidad impide que los mediadores o intervinientes estén obligados a declarar o aportar documentación en un procedimiento judicial o de arbitraje. No obstante, se prevén excepciones respecto de la impugnación de costas; resolución judicial motivada en el orden penal; por razones imperiosas de orden público, como la protección del interés superior del menor, o la dispensa de manera expresa y por escrito otorgada recíprocamente por las partes o al mediador del deber de confidencialidad[41].

Los acuerdos alcanzados pueden ser elevados a escritura pública o, si se derivaron de un proceso judicial, homologados judicialmente[42]. Un acuerdo homologado judicialmente tendrá los efectos de una transacción judicial y podrá ejecutarse por los trámites previstos para la ejecución de sentencias y convenios judicialmente aprobados, constituyendo título ejecutivo[43].

2.2.4. El procurador en la fase previa a la vía judicial

La introducción de los MASC incrementa el protagonismo de las profesiones jurídicas. La ley prevé la asistencia gratuita de un profesional de la abogacía en cualquiera de los MASC que tengan por objeto el cumplimiento del requisito de procedibilidad, cuando la intervención de este profesional sea preceptiva en el eventual proceso judicial, o cuando la parte contraria actúe con abogado[44].

La demanda judicial deberá hacer constar la descripción del proceso de negociación previo llevado a cabo o la imposibilidad de este, y se manifestarán los documentos que justifiquen haber acudido a un MASC, salvo en los

---

39   Ley 5/2012, **art. 9.1.**

40   Marques Cebola, C., & Martín Diz, F. (2010). *La mediación* (p. 166). Madrid: Marcial Pons.

41   Ley 5/2012, **art. 9.**

42   Ley Orgánica 1/2025, de 2 de enero, de medidas en materia de eficiencia del Servicio Público de Justicia, **arts. 12 y 13.**

43   Ley 1/2000, de 7 de enero, de Enjuiciamiento Civil, **art. 517.2.2.° y 3.**

44   Ley 1/1996, de 10 de enero, de Asistencia Jurídica Gratuita, **art. 6.11**, introducido por la disposición final décima de la LO 1/2025.

supuestos exceptuados[45]. La falta de este documento o de la declaración responsable sobre la imposibilidad de llevar a cabo la actividad negociadora previa, por desconocer el domicilio de la parte demandada o el medio para requerirla, puede llevar a la inadmisión de la demanda[46].

De esta manera, el procurador, y especialmente en relación con los MASC, debe garantizar que las partes cumplen con el requisito de procedibilidad, controlando el aporte de la documentación necesaria y que su representado comprenda las implicaciones que conlleva accionar judicialmente en términos de costas, en relación con la mala fe y el abuso del servicio público de justicia[47]

En el supuesto de que la intervención de abogado y procurador no sea preceptiva, el demandante podrá optar por comparecer personalmente, solicitar la asistencia letrada o encomendar su representación al procurador, o valerse de ambos profesionales, debiendo hacer constar expresamente dicha circunstancia en el escrito de demanda[48].

A continuación, se estructura la acreditación documental del requisito MASC, haciendo referencia a los artículos legales aplicables y a la doctrina judicial consolidada.

I. Marco Normativo de la Acreditación Documental

Requisito	Fundamento legal	Contenido exigido
Obligación de justificar el intento de MASC en la demanda	art. 399.3 LEC	Se hará constar en la demanda la descripción del proceso de negociación previo utilizado o la imposibilidad del mismo.
Aportación documental obligatoria	art. 264.4.° LEC	Se debe acompañar a la demanda el documento que acredite el intento de actividad negociadora previa a la vía judicial o, en su caso, la declaración responsable de imposibilidad.
Acreditación del cumplimiento del requisito de procedibilidad	arts. 10.1 y 10.2 LO 1/2025	Se considera cumplido el requisito cuando quede documentalmente demostrado que la otra parte ha recibido la solicitud o invitación a negociar; la fecha de la recepción; y que la parte requerida ha podido acceder al contenido íntegro de la solicitud.

---

45   LEC, art. 399.3.

46   LEC, arts. 264.4.° y 403.2 LEC.

47   LEC, arts. 247.3 y 395 LEC.

48   LEC, art. 32.1.

A. Medios de acreditación de la negociación directa (sin tercero neutral)

En los casos de negociación directa o cuando solo se prueba el intento de contactar a la contraparte[49], se consideran válidos los siguientes medios, de acuerdo con la doctrina judicial unificada:

Medio de Acreditación	Requisitos legales y criterios judiciales	Artículos y fuentes aplicables
Documento Conjunto	Firmado por ambas partes, dejando constancia de la identidad, fecha, objeto, reuniones, y la declaración responsable de buena fe de haber intervenido en el proceso.	art. 10.2 LO 1/2025.
Medios Telemáticos Fehacientes	Burofax, buromail, envíos MASC de Correos o correo postal con acuse de recibo. Válidos si acreditan la remisión, recepción, fecha y contenido.	Acuerdos AP Barcelona; Acuerdos LAJ Teruel.
Documentos con Tercero de Confianza	Certificados de entrega de correo electrónico o SMS expedidos por un prestador de servicios de confianza.	AAP Cádiz/ Málaga. Acuerdos LAJ Teruel. arts. 326.3 y 326.4 LEC
Medios Telemáticos (Uso Habitual)	Correo electrónico, SMS, WhatsApp: solo se admiten si las partes los hubiesen estipulado como medio habitual de comunicación previa, si son respondidos por el destinatario, o si dejan constancia suficiente de su envío y recepción. No se admiten comunicaciones unilaterales no contestadas sin rastro fehaciente.	AP Almería; AAP MA 538/2025. Acuerdos AP Barcelona; Acuerdos AP Girona. art. 7.1 LO 1/2025
Acta notarial	Documento público que dé fe del intento de negociación (Acta Notarial).	Juntas Jueces Madrid; Juntas Jueces Zamora.
Oferta vinculante confidencial (OVC)	Únicamente el justificante de envío y recepción efectiva (sin mención al contenido confidencial). El rechazo expreso o el silencio transcurrido 1 mes (30 días) bastan para entender cumplido el requisito	Acuerdos AP Barcelona arts. 17.2 y 17.4 LO 1/2025.

---

49 Ley Orgánica 1/2025, de 2 de enero, de medidas en materia de eficiencia del Servicio Público de Justicia, **art. 10.2.**

B. Medios de acreditación con tercero neutral (MASC tipificados)

MASC tipificado	Acreditación documental exigida	Fundamento normativo
Documento expedido por el tercero neutral	El tercero neutral (mediador, conciliador, experto) debe consignar la identidad de las partes, el objeto de la controversia, la fecha de las reuniones o la negativa a comparecer. Este documento debe incluir la declaración solemne de que las partes han intervenido de buena fe.	art. 10.3 LO 1/2025
Conciliación	Actos de conciliación ante notario, registrador de la propiedad, LAJ o juez de paz (conciliaciones de cuantía inferior a 10.000 euros según la LJV, y para juicios verbales civiles inferiores a 150 euros).	art. 14 LO 1/2025
Proceso de Derecho Colaborativo	Acta final redactada por los profesionales de la abogacía intervinientes, en la que se hagan constar las partes, los profesionales, las sesiones llevadas a cabo y los acuerdos adoptados o las cuestiones sin acuerdo.	art. 19 LO 1/2025

C. Imposibilidad de acreditación

Si el demandante alega imposibilidad de llevar a cabo la negociación, debe adjuntar una **declaración responsable**[50] de desconocimiento del domicilio de la parte demandada o del medio por el que pueda ser requerida. Esta declaración debe reservarse a casos de **absoluto desconocimiento** tras haber agotado las vías razonables de averiguación, dado que el inicio de la actividad negociadora exige una diligencia adecuada cuyo cumplimiento podrá ser analizado judicialmente.

II. Doctrina judicial y criterios de aplicación en situaciones problemáticas

Los tribunales y las Juntas de Jueces han establecido criterios clave para la aplicación del requisito MASC, especialmente para ponderar la colisión con el derecho a la **tutela judicial efectiva**[51].

---

50   Ley 1/2000, de 7 de enero, de Enjuiciamiento Civil, **art. 264.4.º**.

51   Constitución Española de 1978, **art. 24.**

1.- Consecuencias de la omisión y la subsanabilidad

En este aspecto, la doctrina judicial unificada establece que es vital distinguir entre la falta de realización del acto (el hacer) y la falta de aportación del papel (el documentar).

Tipo de Omisión	Consecuencias prácticas y fundamento legal
Omisión del MASC (falta de actividad)	La falta total del intento previo de MASC se considera un defecto insubsanable (art. 5 LO 1/2025). Ello se debe a que el tiempo necesario para cumplir materialmente el requisito (30 días o tres meses, art. 10.4 LO 1/2025) es incompatible con los plazos breves de subsanación procesal previstos en la LEC (art. 231 LEC).
Defecto en la acreditación (falta de documento)	La falta de mención en la demanda o el defecto de aportación del documento que acredite el MASC es subsanable en un plazo prudencial (generalmente 5 o 10 días, arts. 231 y 404.2.2.º LEC), para aportar el documento, bajo apercibimiento de inadmisión si no se efectúa en dicho plazo)

2.- Litigios con consumidores

En los litigios en que se ejerciten **acciones individuales promovidas por consumidores o usuarios,** se entenderá cumplido el requisito de procedibilidad con la **reclamación extrajudicial previa** a la empresa o profesional[52].

Supuesto	Criterio de aplicación
Alcance del requisito en consumo	La reclamación extrajudicial cumple la función de una «verdadera oferta de resolver el conflicto por la vía menos gravosa posible».
Excepción consumo (Sector Público)	No se exige MASC en los litigios de consumo si la parte demandada es una entidad perteneciente al sector público (art. 3.2 LO 1/2025).
Casos no excluidos (Usura)	Las reclamaciones que pretendan la nulidad de un préstamo usurario (Ley de 23 de julio de 1908) no están excluidas y precisan acreditar el MASC (negociación). No se consideran acciones específicas de protección de consumidores que eximan del requisito, según acuerdo de las secciones civiles de la AP Barcelona (oct. 2025), AP de Girona (oct. 2025), entre otras.

---

52   LO 1/2025, **disp. adic. 7.ª**; y LEC, **art. 439 bis.**

3.- Procesos de familia

Supuesto	Criterio de aplicación
Regla general	Los procesos de familia, como la separación, divorcio, nulidad y medidas paternofiliales, exigen el MASC previo al tratarse de procesos especiales del Libro IV de la LEC.
Medidas provisionales previas (art. 771 LEC)	Los Jueces de Familia de Madrid y la AP Barcelona (Acuerdo 4/11/2025) consideran exigible el intento de la actividad negociadora para la interposición de la demanda de medidas provisionales previas, al entenderlas un proceso especial autónomo.
Medidas definitivas (art. 771.5 LEC)	Existe un conflicto interpretativo. El Auto de la Audiencia Provincial de Navarra 322/2025 (AAP NA 1320/2025) estimó un recurso de apelación, revocando la inadmisión de una demanda de medidas definitivas posterior a provisionales. El tribunal argumentó que exigir el MASC en el breve plazo de 30 días (art. 771.5 LEC) resulta «excesivamente rigorista y formalista» (art. 24 CE). La AP Barcelona (Acuerdo nov. 2025), no se exige nuevo MASC para la demanda principal sucesiva si ya se intentó para las medidas previas o si se acordaron medidas cautelares (identidad de pretensión).

4.- Naturaleza de la propuesta negociadora (Buena fe)

La jurisprudencia reciente plasmada en el Auto de la Audiencia Provincial de Barcelona de 16 de octubre de 2025 (AAP B 8281/2025), ha determinado que la valoración judicial del requisito debe ser flexible para no vulnerar la tutela judicial efectiva. Así, la doctrina aplicable se asienta en los siguientes criterios:

Criterio	Doctrina jurisprudencial aplicable
Suficiencia del intento	La mera oferta de negociación o invitación objetiva es suficiente para cumplir el requisito, especialmente si la otra parte guarda silencio, no responde o hace caso omiso.
Límite formalista	El acceso a la jurisdicción no puede condicionarse a una renuncia, «ni que sea mínima, a la satisfacción íntegra de las pretensiones» en la propuesta inicial. La falta de inclusión de una oferta concreta de solución, de rebaja o quita no es motivo para la inadmisión de la demanda.
Voluntad interna	El juez no puede denegar la admisión basándose en la sospecha subjetiva de que el actor se limitó a «cubrir una formalidad, sin una voluntad real de negociar». Se debe valorar el acto objetivo de la invitación, no la intención íntima ni la voluntad interna del demandante.

5.- Excepciones por imposibilidad o prejudicialidad

Supuesto	MASC y fundamento
Litisconsorcio y reconvención	No se exige MASC en los supuestos de reconvención, litisconsorcio pasivo necesario o juicios (ordinarios y verbales) derivados de la oposición a un monitorio, por basarse en la accesoriedad, en la identidad de objeto y en la imposibilidad de cumplir los plazos procesales. (Acuerdos Jueces 1.ª Instancia BCN; Junta Jueces Mollet)
Demanda posterior a cautelares	La exigencia de MASC en demandas posteriores a una medida cautelar previa (art. 730.2 LEC) resulta polémica por la brevedad del plazo de 20 días para interponerla. No obstante, la doctrina judicial ha unificado criterio estableciendo que no es exigible un nuevo MASC para el pleito principal sucesivo si ya se acordaron medidas cautelares previas (o si ya se intentó la negociación para las medidas provisionales), siempre que exista identidad en la pretensión (Acuerdos Secciones de Familia AP Barcelona, nov. 2025).
Imposibilidad en desahucios sumarios	En demandas contra ignorados ocupantes (precario, tutela sumaria de la posesión), el requisito MASC se exceptúa por la imposibilidad práctica de identificar al requerido para negociar (art. 5.2.e LO 1/2025).

La acreditación del MASC se configura como un auténtico requisito procesal que se materializa a modo de «certificado de acreditación de diligencia negociadora», no se limita a un requisito formal, sino que garantiza que la parte actora ha desplegado una actividad negociadora efectiva y verificable previa a instar la vía judicial. Este certificado debe ser fehaciente en la prueba de la recepción y la fecha, pero la interpretación judicial, bajo el **principio** *pro actione* (art. 24 CE), se inclina por admitir cualquier medio que pruebe un esfuerzo serio y documentado de contacto, incluso si la otra parte rechaza la negociación o no colabora, evitando que el formalismo excesivo niegue el acceso a la tutela judicial efectiva.

2.3. Novedades en los juicios declarativos

La LO 1/2025 introduce importantes novedades en los juicios declarativos que tienen un impacto práctico significativo en la labor de la Procura, configurando un sistema más coherente, simplificado y orientado a la eficiencia procesal.

2.3.1. MASC como requisito de procedibilidad

La ley busca simplificar los cauces procesales y suprimir lo innecesario, así como terminar con la excesiva dispersión normativa, configurando un sistema más coherente. El MASC es un **requisito general de procedibilidad** para la admisión de la demanda en **todos los procesos declarativos** (tanto ordinarios como verbales) y en los procesos especiales de los Libros II y IV de la Ley de Enjuiciamiento Civil (LEC)[53]. Se establece una serie de excepciones específicas como la tutela judicial de derechos fundamentales, medidas de apoyo a personas con discapacidad, filiación paternidad y maternidad, tutela sumaria de la posesión, ingreso de menores en centros de protección, juicios cambiarios, demandas ejecutivas, medidas cautelares previas o diligencias preliminares[54].

Para la Procura, esto implica la obligación de acompañar a la demanda un documento que acredite el intento de la actividad negociadora previa, o una **declaración responsable** de la imposibilidad de llevarla a cabo, por ejemplo, por desconocer el domicilio del demandado. El incumplimiento de este requisito puede llevar a la inadmisión de la demanda[55].

En los litigios en materia de consumo, se entenderá cumplido el requisito de procedibilidad con la reclamación extrajudicial previa a la empresa o profesional con el que se haya contratado, si no se obtuvo respuesta o esta no fue satisfactoria[56]. De igual forma, se considerará cumplido con la resolución de las reclamaciones presentadas ante el Banco de España, la Comisión Nacional del Mercado de Valores o la Dirección General de Seguros y Fondos de Pensiones.

Para las acciones de reclamación de cantidades indebidamente satisfechas por cláusulas abusivas en contratos de préstamo o crédito hipotecario, se exige una reclamación extrajudicial previa a la entidad financiera[57].

Formas de acreditación válidas[58]:

El procurador debe asegurarse de que documento adjunto cumple con los requisitos formales según el MASC utilizado.

MASC intentado	Medio de acreditación procesal
Mediación	Documento expedido por el mediador (acta de la sesión inicial o acta final) en la que conste el objeto de la controversia, la identidad de las partes y la declaración solemne de buena fe, o su finalización por cualquier otra causa (art. 10.3 LO 1/2025; arts. 17.2 y 22.3 Ley 5/2012)

---

53 Ley Orgánica 1/2025, de 2 de enero, de medidas en materia de eficiencia del Servicio Público de Justicia, **art. 5.1.**

54 LO 1/2025, **arts. 5.2 y 5.3.**

55 Ley 1/2000, de 7 de enero, de Enjuiciamiento Civil, **arts. 264.4.º y 403.2.**

56 LO 1/2025, **disp. adic. 7.ª.**

57 Ley 1/2000, de 7 de enero, de Enjuiciamiento Civil, **arts. 439.5 y 439 bis.**

58 Ley Orgánica 1/2025, de 2 de enero, de medidas en materia de eficiencia del Servicio Público de Justicia, **art. 10.**

Conciliación	Certificación, diligencia o acta emitida por el Letrado de la Administración de Justicia, notario, registrador o conciliador privado (arts. 10.3 y 14 LO 1/2025).
Oferta vinculante Confidencial (OVC)	Justificante de envío y recepción efectiva de la propuesta escrita a la otra parte (o certificación de su remisión), sin hacer mención al contenido confidencial (arts. 17.2 y 17.4 LO 1/2025).
Opinión de persona experta independiente	Certificación expedida por dicha persona experta de que se ha intentado llegar a un acuerdo por esta vía, con constancia del objeto, fecha y remisión (art. 18.5 LO 1/2025)
Derecho Colaborativo	Acta final redactada por las partes y sus profesionales de la abogacía intervinientes, en la que se haga constar las partes, los profesionales, las sesiones llevadas a cabo y las cuestiones sin acuerdo (art. 19.3 LO 1/2025)
Negociación directa	Documento firmado por ambas partes dejando constancia de la identidad, reuniones y buena fe; o, en su defecto, documento que acredite la recepción fehaciente de la solicitud de negociación (burofax, correo postal certificado, etc.) y el transcurso del tiempo sin acuerdo (art. 10.2 LO 1/2025).

Efectos procesales del MASC:

El control de este requisito por parte del LAJ es riguroso y tiene consecuencias procesales.

Aspecto procesal	Referencia normativa y efecto
Carácter obligatorio del MASC	Requisito de procedibilidad para la admisión de demandas en procesos declarativos civiles y otros, salvo excepciones (art. 5. LO 1/2025).
Verificación inicial	El Letrado de la Administración de Justicia debe examinar de oficio si se ha acreditado adecuadamente el intento de MASC (o su imposibilidad) junto con la demanda (art. 264.4.° y art. 403.2 LEC).
Requerimiento de subsanación	Si no se aporta el documento acreditativo o es defectuoso, el LAJ podrá requerir su subsanación. La falta total de intento previo (no haber negociado) se considera insubsanable (Acuerdos AP Barcelona).
Inadmisión de la demanda	Si no se subsana el defecto documental en plazo, o si consta la ausencia insubsanable del intento previo, el LAJ dará cuenta al Tribunal para que este dicte el correspondiente Auto de inadmisión y archivo (art. 404.2.2.° LEC).
Prescripción y caducidad	El intento de MASC debidamente acreditado interrumpe la prescripción o suspende la caducidad de acciones (art. 7 LO 1/2025).
Proporcionalidad del intento de MASC	Su exigencia y valoración judicial no debe implicar una carga excesiva ni un formalismo desproporcionado que obstaculice el derecho a la tutela judicial efectiva (art. 24 CE; AAP Navarra 335/2025).
Efectos en costas	La falta de intento, la negativa injustificada a participar o el intento puramente formal y de mala fe, facultarán al tribunal para imponer condena en costas y multas pecuniarias por abuso del servicio público de Justicia (arts. 247.3, 394 y 395 LEC).

2.3.2. Ampliación de materias del juicio verbal (art. 250 LEC)

La LO 1/2025 amplía el tipo de asuntos que se tramitarán por los cauces del juicio verbal con independencia de su cuantía, incluyendo, entre otros, las acciones individuales sobre condiciones generales de la contratación, como las relativas a cláusulas suelo o usura[59], así como las reclamaciones de cantidades instadas por comunidades de propietarios[60] y el ejercicio de la acción de división de la cosa común[61]. Esta ampliación del ámbito objetivo del juicio verbal refuerza su configuración como procedimiento preferente para la resolución ágil de determinadas controversias, en coherencia con el modelo de eficiencia procesal que inspira la LO 1/2025.

Desde el punto de vista procedimental, esta reforma se proyecta directamente sobre la demanda, la que deberá ajustarse a las exigencias del art. 437 LEC, reforzando su carácter ordenado y funcional, sin perjuicio de una correcta delimitación del objeto del proceso y de los fundamentos jurídicos esenciales.

Desde la perspectiva de la Procura, esta ampliación exige una especial atención a la adecuada elección del cauce procesal, así como el control formal de la demanda y de la documentación acompañada, con la finalidad de evitar incidencias derivadas de una indebida tramitación o dilaciones por inadecuación del procedimiento.

2.3.3. Flexibilización de la vista (art. 438.10 LEC) y oralidad de resoluciones (art. 210.3 LEC)

La LO 1/2025 introduce una nueva redacción del art. 210.3 LEC y modifica el art. 438.10 LEC, reforzando un modelo más flexible y ágil del juicio verbal.

Novedad procesal	Descripción y efectos prácticos
Flexibilización de la vista (art. 438.10 LEC)	El juez o jueza, tras valorar las peticiones de prueba, puede decidir mediante auto que no es necesaria la celebración de la vista en los juicios verbales, incluso si las partes la han solicitado, cuando la única prueba admitida sea documental y no haya sido impugnada, o cuando se hayan presentado informes periciales y no se considere útil la presencia de los peritos en el juicio. Esto busca evitar retrasos injustificados en la resolución de los pleitos.

---

59   Ley 1/2000, de 7 de enero, de Enjuiciamiento Civil, **art. 250.1.14.º**.

60   Ley 1/2000, de 7 de enero, de Enjuiciamiento Civil, **art. 250.1.15.º**.

61   LEC, **art. 250.1.16.º**.

Oralidad de las resoluciones (art. 210.3 y 210.4 LEC)	Permite dictar sentencias orales en los juicios verbales en el mismo acto de la vista, salvo en los procedimientos en los que no sea preceptiva la intervención de abogado (art. 31.2 LEC).
	Si las partes manifiestan su intención de no recurrir se declarará su firmeza, en caso contrario se concederá un plazo de cinco días desde la vista para que manifiesten su interés en recurrir. El plazo para interponer el recurso de apelación se computará a partir del día siguiente a la notificación por escrito de la Sentencia.

Las modificaciones al art. 210 de la LEC (que regula las resoluciones orales), se aplicarán a los juicios verbales en los que no se haya celebrado vista a la entrada en vigor de la ley[62].

Respecto del plazo para presentar escrito de aclaración[63] o complemento de sentencia[64], en las resoluciones judiciales orales, debemos destacar el análisis que nos ofrece Pérez Daudí, V. *«Una cuestión práctica que se va a suscitar es el momento en que deben presentarse los escritos de aclaración o complemento de sentencia de los artículos 214 y 215 LECiv. Existe una laguna legal que provocará discrepancias jurisprudenciales. Los momentos en que se pueden entender que se inicia el plazo es o bien al dictar la sentencia oral, que equivale a un acto de comunicación de la misma, o cuando se da traslado de su redacción escrita. En mi opinión el plazo para pedir complemento o aclaración se empieza a computar desde que se dicta la sentencia oral. Por ello las partes tienen un plazo de dos o cinco días para pedir aclaración o complemento respectivamente, suspendiendo el plazo para presentar el escrito manifestando el interés en recurrirla»*[65].

2.4. Ejecución forzosa y medidas de eficiencia en la ejecución civil

La **LO 1/2025** ha introducido cambios sustanciales en la fase ejecutiva, orientados a **agilizar los trámites, reforzar la digitalización y reconocer un papel más activo al procurador** en las actuaciones materiales de ejecución.

---

62   Ley Orgánica 1/2025, de 2 de enero, de medidas en materia de eficiencia del Servicio Público de Justicia, **disposición transitoria novena, apartado 4.**

63   Ley 1/2000, de 7 de enero, de Enjuiciamiento Civil, **art. 214.**

64   LEC, **art. 215.**

65   Pérez Daudí, V. (2025). «La reforma del proceso civil por la Ley Orgánica 1/2025, de 2 de enero, de medidas de eficiencia del servicio público de justicia». En *Guía para la aplicación práctica de la LO 1/2025: Medidas de eficiencia procesal* (pp. 164-165). Aranzadi La Ley.

Se permite la suspensión de la ejecución para acudir a mediación u otros MASC, buscando el cumplimiento voluntario y evitando trámites prolongados[66].

Los procuradores podrán practicar actos de comunicación y actuaciones materiales propias del proceso de ejecución por delegación judicial[67], con ciertas exclusiones[68] como las ejecuciones hipotecarias de vivienda habitual, los procesos de familia, los desahucios por impago de rentas en vivienda habitual y los lanzamientos posteriores a la subasta si es vivienda habitual. Lo anterior, requerirá, en todo caso, la petición y el previo consentimiento informado del representado[69].

2.4.1. Impulso de la ejecución electrónica y simplificada (arts. 551 y ss. LEC)

El auto de despacho de ejecución debe recoger expresamente, además de los pronunciamientos tradicionales, la posibilidad de que el procurador de la parte ejecutante asuma, por delegación, **actuaciones materiales propias del proceso de ejecución**[70], a petición de la misma y a su costa.

Se intensifica el uso de plataformas electrónicas (LexNET, Punto Neutro Judicial y bases de datos de bienes embargables) para identificar, trabar y comunicar embargos, reduciendo tiempos de tramitación. El procurador podrá intervenir en el diligenciamiento de los oficios de averiguación si así lo solicita[71].

El procurador puede asumir la práctica de medidas concretas bajo la dirección del LAJ, destacando las siguientes actuaciones delegables: diligenciar órdenes de embargo sobre intereses, rentas o frutos (art. 622.1 LEC), valores e instrumentos financieros (art. 623.4 LEC) o diligenciar mandamientos de anotación preventiva de embargo en el Registro de la Propiedad u otros registros (art. 629.1 LEC).

Toda actuación material del procurador se realiza bajo control del LAJ, con posibilidad de impugnación por las partes[72].

---

66   Ley 1/2000, de 7 de enero, de Enjuiciamiento Civil, **art. 565.1**

67   LEC, **art. 23.4**.

68   Ley Orgánica 6/1985, de 1 de julio, del Poder Judicial., **art. 543.2.**

69   LEC, **disp. adic. 11.ª**.

70   Ley 1/2000, de 7 de enero, de Enjuiciamiento Civil, **art. 551.2.6.º**.

71   LEC, **art. 590**.

72   LEC, **arts. 452 y 453**.

2.4.2. Subastas electrónicas y mejora en la gestión de bienes (arts. 643 y ss. LEC)

Se refuerza el sistema de subastas electrónicas en el BOE, consolidado desde 2015, incorporando mejoras orientadas a la transparencia, publicidad y simplificación[73]. Con ello se pretende evitar la ralentización de las ejecuciones y favorecer un mayor índice de adjudicaciones efectivas.

Debemos destacar que esta reforma tiene por finalidad lograr un mayor acceso a la información del bien subastado, permitiendo la aportación de documentación digitalizada (art. 648.5.ª LEC); establecer un control reforzado de postores mediante identificación electrónica segura (art. 648.4.ª LEC); y la posibilidad de que el procurador realice comunicaciones y trámites en el procedimiento de subasta, cuando le sean delegados (art. 645.1 LEC).

2.4.3. Cambios clave en la regulación de la subasta judicial electrónica

La Ley 1/2000, de 7 de enero, de Enjuiciamiento Civil (LEC), ha sido modificada en más de ochenta apartados por la LO 1/2025. Estas modificaciones se extienden a diversos aspectos de la subasta judicial electrónica, buscando eficiencia y mayor predictibilidad, reforzando de esta manera las garantías para el ejecutado. A continuación, se presentan cuadros comparativos con los cambios clave en la regulación de la subasta judicial.

Convocatoria y publicidad de la subasta:

La convocatoria de la subasta se mantiene en el «Boletín Oficial del Estado» (BOE), y el Portal de Subastas sigue siendo la plataforma electrónica central. Los cambios se enfocan en la información que se proporciona y la agilización de la publicación.

Aspecto	Regulación anterior (hasta 03/04/2025)	Regulación actual (LO 1/2025)	Artículos LEC
Inicio de la subasta	Convocatoria por decreto del LAJ una vez fijado el justiprecio. Subasta electrónica en el portal de subastas BOE	Se mantiene el modelo. El decreto debe advertir que los plazos para pagar el resto del precio y mejorar la postura se computan desde el cierre de la subasta, sin necesidad de notificación personal.	art. 644 LEC

---

73   LEC, arts. 643 a 675.

Notificación a ejecutado no personado	El anuncio en el BOE equivalía a notificación	El anuncio en el BOE no tiene efecto de notificación. El decreto de convocatoria debe notificarse personalmente al ejecutado no personado en la forma prevista en el artículo 155 LEC	art. 644 LEC art. 155 LEC
Contenido del anuncio en BOE	Fecha, datos del procedimiento (oficina judicial, número y clase), y la dirección electrónica en el portal (enlace)	La LO 1/2025 precisa que el anuncio en el BOE se limita a la fecha, oficina judicial, número y clase de procedimiento, y la dirección electrónica (URL) del Portal de Subastas.	art. 646 LEC
Publicidad e inspección del bien	Se realizaba la publicidad adicional si el LAJ lo estimaba conveniente. No se preveía expresamente la inspección del inmueble	Se mantiene la publicidad adicional si procede. El ejecutado puede facilitar la inspección en el plazo de 10 días desde la notificación del decreto, y beneficiarse de una reducción de la deuda (en el caso de inmuebles, hasta un 2 %).	art. 645 LEC, art. 644 LEC, art. 669.3 LEC
Actualización de información registral	En subastas de inmuebles, la información registral podía quedar desactualizada tras la emisión de la certificación de cargas.	Si han pasado más de 6 meses desde la certificación de cargas, el LAJ puede solicitar de oficio una nota simple registral actualizada antes de convocar la subasta.	art. 656.2 LEC
Notificación acreedores (cargas)	En procedimientos hipotecarios, no se pedía información sobre la subsistencia y cuantía de cargas de acreedores de igual o anterior rango	El LAJ solicita información al ejecutado y a los acreedores registrales sobre créditos preferentes o de igual rango que el del ejecutante, pudiendo apercibirles con imposición de multas si no contestan.	art. 657 LEC

53

Requisitos para pujar y depósito:

Se elevan los depósitos y se exige mayor claridad en la representación, penalizando el incumplimiento y agilizando los trámites posteriores a la adjudicación.

Aspecto	Regulación anterior (hasta 03/04/2025)	Regulación actual (LO 1/2025)	Artículo LEC
Depósito mínimo (muebles)	5 % del valor del bien. El órgano judicial no podía incrementar ni reducir el porcentaje	El 10 % del valor de los bienes, o un mínimo de 1.000 euros si el porcentaje resultara inferior. El LAJ esta facultado para elevar o reducir el porcentaje, en atención a las circunstancias de la subasta.	art. 647.1. 3.ª LEC
Depósito mínimo (inmuebles)	5 % del valor de tasación del inmueble	El 20 % del valor de tasación del inmueble, o un mínimo de 1.000 euros si el cálculo fuera inferior. El LAJ puede elevar o reducir el porcentaje según las circunstancias de la subasta.	art. 669.1 LEC
Condición del ejecutante	Solo si existían otros licitadores el ejecutante podía comparecer como postor. El ejecutante no debía consignar ningún depósito	El ejecutante podrá tomar parte en la subasta, aunque no existan otros licitadores. No necesita consignar cantidad alguna para pujar.	art. 647.2 LEC
Cesión del remate	Los postores debían hacer reserva expresa de la facultad de ceder el remate. La cesión se verificaba mediante comparecencia ante el LAJ.	La facultad de ceder el remate se reconoce al ejecutante, y a los acreedores posteriores sin necesidad de manifestación expresa. La cesión se verificará por escrito en el plazo de cinco días que conferirá el LAJ cuando los autos queden pendientes de dictar el decreto de adjudicación y tras haberse pagado, en su caso, el precio del remate.	art. 647.3 LEC

Desarrollo y terminación de la subasta:

Se han introducido cambios para agilizar el proceso y hacerlo más predecible, incluyendo el carácter secreto de las pujas y nuevos plazos de cierre.

Aspecto	Regulación anterior (hasta 03/04/2025)	Regulación actual (LO 1/2025)	Artículos LEC
Duración de la subasta	20 días naturales y no finalizaba hasta transcurrida una hora desde la última puja (posibilidad de ampliación hasta 24 horas)	20 días naturales improrrogables. No puede finalizar en sábado, domingo, festivo, ni en los días que median entre el 24 de diciembre y el 6 de enero (ambos inclusive), ni en el mes de agosto	art. 649.1 LEC
Publicidad y confidencialidad de pujas	Durante la subasta, el Portal de Subastas del BOE informaba de la existencia y cuantía de las pujas	Durante el periodo de celebración, las pujas se enviarán telemáticamente y tendrán carácter secreto. El portal solo publicará el importe de la mejor oferta o que la subasta ha concluido sin postores	art. 648.6.ª LEC art. 649.1 LEC
Suspensión de la subasta	Si la suspensión superaba 15 días, se devolvían los depósitos y se retrotraían las actuaciones (iniciando la subasta como nueva)	Si la suspensión supera los 15 días naturales, se cancela con la devolución de los depósitos y se retrotraen las actuaciones. Si la suspensión es inferior a 15 días naturales, la celebración se paraliza y se reanuda por el tiempo restante	art. 649.2 LEC, art. 669.4 LEC
Plazo para pagar (muebles)	10 días desde la notificación del decreto de remate	10 días, contados desde el cierre de la subasta, sin necesidad de notificación personal	art. 650.1 LEC
Plazo para pagar (inmuebles)	20 días desde la notificación	20 días contados desde el cierre de la subasta, sin necesidad de notificación personal	art. 670.1 LEC
Posturas con pago aplazado	Se permitían prestando garantías suficientes	No se permiten	art. 650 LEC
Impago del ejecutante	Si el ejecutante era el mejor postor y no pagaba la diferencia, se declaraba la quiebra y se descontaba el importe del depósito exigido a los demás postores de su crédito	Se descuenta de su crédito el importe equivalente al depósito exigido a los demás postores; además, debe asumir los gastos de la nueva subasta	art. 647.3 LEC art. 650.2 LEC

Aprobación del remate y adjudicación:

Se agilizan los plazos y se ajustan las condiciones de adjudicación, especialmente para el ejecutante.

Aspecto	Regulación anterior (hasta 03/04/2025)	Regulación actual (LO 1/2025)	Artículos LEC
Remate mínimo (muebles)	Si la mejor postura era inferior al 70 % del valor, el ejecutado podía presentar un tercero que la mejorase al menos al 70 %. Se podía adjudicar al mejor postor si la postura era ≥ 50 % o cubría la cantidad reclamada	Si la mejor postura es inferior al 50 %, el ejecutado puede presentar un tercero que mejore el precio ofreciendo al menos el 50 % del valor o la cantidad suficiente para la completa satisfacción del ejecutante. Se aprueba el remate en favor del mejor postor si es igual o superior al 30 % (o inferior si cubre integramente la deuda).	art. 650 LEC
Remate mínimo (inmuebles, no vivienda habitual)	Si la mejor postura era inferior al 70 %, el ejecutante podía pedir la adjudicación por el 50 % (o un valor inferior, si se autorizaba)	Si la mejor postura es inferior al 70 %, el ejecutado puede presentar un tercero que mejore el precio ofreciendo al menos el 60 % del valor, o la cantidad suficiente para la completa satisfacción del ejecutante. El mejor postor puede adjudicarse el bien si ofrece un importe ≥ 50 % o una cantidad suficiente (≥ 40 %).	art. 670.3 LEC
Mejora posterior del precio por el ejecutante	Finalizada la subasta, el ejecutante siempre tenía la posibilidad de mejorar la oferta del mejor postor	Habiendo pujas y no siendo el mejor postor, el ejecutante no podrá mejorar el precio ni pedir la adjudicación con posterioridad a la subasta. Debe formular obligatoriamente una puja superior durante la subasta, participando como un licitador más.	art. 647.2 LEC, art. 670.3 LEC
Reserva de postura	Se tenían en cuenta las reservas de postura de todos los licitadores.	Solo se tiene en cuenta la reserva de postura del segundo mejor licitador. Si el primer postor no paga, el remate se podrá aprobar en favor del segundo si reservó su postura, devolviéndose inmediatamente los depósitos al resto de postores.	art. 652.1 LEC

Subasta sin postores y adjudicación al ejecutante:

Se unifican los efectos de la subasta con postores y la subasta desierta, y se modifica la adjudicación directa al ejecutante.

Aspecto	Regulación anterior (hasta 03/04/2025)	Regulación actual (LO 1/2025)	Artículos LEC
Control subasta desierta	El control lo tenía el ejecutante, que podía solicitar la adjudicación (por el 30 % en muebles / 50 % en inmuebles; 70 %-60 % si es vivienda habitual).	El ejecutante pierde el control y no podrá solicitar la adjudicación si no participó como postor. El ejecutado es quien puede designar a un tercero o solicitar el alzamiento del embargo	art. 651 LEC art. 671 LEC
Adjudicación sin postores (muebles)	El ejecutante podía adjudicarse los bienes por el 30 % del valor de tasación, o por la cantidad debida (si era inferior)	El LAJ procederá al alzamiento del embargo, a instancia del ejecutado	art. 651 LEC
Adjudicación sin postores (inmuebles)	El ejecutante podía pedir la adjudicación del inmueble por el 50 % del valor de tasación, o por la cantidad debida (si era inferior)	El LAJ procederá al alzamiento del embargo. No obstante, el ejecutado (por sí o a propuesta del ejecutante) puede designar a un tercero para adjudicarse el bien por importe igual o superior al 50 % del valor de subasta, o por la cantidad suficiente para lograr la completa satisfacción del ejecutante (sin que pueda ser inferior al 40 %)	art. 671 LEC
Vivienda habitual	El ejecutante podía adjudicarse la vivienda habitual por un mínimo del 70 % del valor de tasación o por el 60 % si la deuda era inferior	No se aprobará el remate por un importe inferior al 70 % del valor de subasta, salvo que se cubra la totalidad de la deuda y sea, al menos, del 60 % del valor de subasta	art. 670.3 LEC art. 671 LEC

Valoración y cargas en inmuebles:

Se actualizan los requisitos para la valoración y se refuerza la gestión de la información registral.

Aspecto	Regulación anterior (hasta 03/04/2025)	Regulación actual (LO 1/2025)	Artículos LEC
Informe de valoración	Era suficiente con la tasación en autos o título ejecutivo	El valor se determinará conforme al informe de tasación o valoración actualizado. El edicto de subasta debe incorporar necesariamente el informe de avalúo o valoración, junto con la certificación registral de dominio y cargas.	art. 668 LEC
Información registral	La información se publicaba en el Portal de Subastas, sin exigencia técnica detallada	Exige documentación estructurada. La certificación y toda documentación relevante deben emitirse en formato electrónico para permitir su incorporación y su consulta telemática por los interesados.	art. 656 LEC art. 668 LEC

Régimen transitorio LO 1/2025 respecto de las subastas:

La ausencia de una norma transitoria específica para la fase de ejecución ha generado un intenso debate doctrinal y práctico sobre cómo aplicar las nuevas reglas de la subasta electrónica.

Aspecto	Contenido y aplicación práctica	Regulación y acuerdos
Fecha de entrada en vigor	3 de abril de 2025 (a los tres meses de su publicación en el BOE)	Disposición Final Trigésimo Octava LO 1/2025
Regla general	LO 1/2025 solo aplicable a los procedimientos incoados con posterioridad a su entrada en vigor (a partir del 3 de abril de 2025)	Disposición Transitoria Novena, apdo. 1 LO 1/2025
Régimen específico de ejecución y subastas	La LO 1/2025 no contiene una disposición transitoria específica para la ejecución. La interpretación restrictiva aplica la DT 9.ª: las nuevas reglas de la subasta solo aplicarían a ejecuciones cuya demanda sea interpuesta a partir del 3 de abril de 2025	Disposición Transitoria Novena LO 1/2025

| Criterio integrador (Juntas de LAJ) | Juntas sectoriales de LAJ (Valencia y Zaragoza), proponen que las normas modificadas de la LEC se apliquen a todas las fases de ejecución que se inicien con la norma ya en vigor, con independencia de la fecha de la demanda principal[74]. Se basan en la finalidad de la reforma (agilizar la subasta), los antecedentes legislativos (DT Sexta de la LEC 1/2000) y la necesidad de aplicar de forma inmediata protecciones vitales para el ejecutado, como los nuevos límites del art. 670 para la vivienda habitual. | Criterios Juntas LAJ Valencia y Zaragoza |

Otros artículos relevantes:

Aunque los cuadros anteriores están relacionados con la subasta, la LO 1/2025 también modifica otros artículos de la LEC que impactan indirectamente o de forma general los procesos de ejecución:

Artículo LEC	Relevancia (Modificación LO 1/2025)
Art. 636 LEC (Realización de bienes no comprendidos en artículos anteriores)	Ahora establece que la enajenación de bienes embargados no cubiertos por artículos anteriores se hará por subasta judicial si no hay convenio de realización.
Art. 640 LEC (Convenio de realización)	Modifica la forma de acordar el convenio, permitiendo que las partes lo convengan directamente —sin perjuicio para terceros— y sea aprobado por el LAJ mediante decreto. El acuerdo puede incluir la realización por persona o entidad especializada.
Art. 691 LEC (Subasta de bienes hipotecados)	Se remite a las formas de anuncio y publicidad del arts. 667 y 668 LEC. Si el LAJ tiene conocimiento de la declaración de concurso del deudor, suspenderá la subasta.
Art. 694 LEC (Realización de bienes pignorados)	Se remite al procedimiento de apremio de la LEC y, si no son bienes de la sección 1.ª del capítulo IV, se anunciará la subasta conforme a los artículos 645 y ss. LEC. El valor de los bienes para subasta será el fijado en la escritura o póliza o, en su defecto, el importe de la reclamación total.
Art. 705 LEC (Requerimiento)	El LAJ puede delegar la práctica del requerimiento en el procurador de la ejecutante, a petición de esta y a su costa.
Art. 727 LEC (Medidas cautelares):	Modifica la medida 5.ª para incluir la anotación preventiva de inicio de MASC, arbitrajes y litigios extranjeros, cuando se refieran a bienes o derechos inscribibles en Registros públicos.

---

74 Letrados de la Administración de Justicia de los Juzgados de Primera Instancia de Valencia. (2025, 28 de mayo). Reunión de unificación de criterios y Junta Sectorial de Letrados de la Administración de Justicia de los Juzgados de Primera Instancia y de lo Mercantil del Partido Judicial de Zaragoza (2025, 27 de marzo).

2.4.4. Papel del procurador en el control de embargos, señalamientos y subastas

La LO 1/2025 reconoce legalmente y refuerza la posición del procurador como colaborador de la Administración de Justicia al permitirle asumir actividades materiales del proceso de ejecución. Para ello, se le otorga la capacidad de certificación y la disposición de credenciales necesarias para la práctica de actos de comunicación y la realización de tareas de auxilio judicial[75].

La delegación de estas funciones requerirá la petición expresa de la parte ejecutante, a su costa, y el previo consentimiento informado de la persona representada, materializado en el correspondiente formulario[76].

Funciones materiales delegables: El procurador tiene un papel clave en la agilización de los actos de comunicación, liberando a los tribunales de trabajos de gestión, destacando: requerimientos de pago, embargos de rentas y valores, anotaciones registrales, y gestión de subastas[77].

Funciones excluidas: La delegación de la ejecución material al procurador excluye imperativamente los siguientes supuestos: las ejecuciones hipotecarias sobre vivienda habitual, desahucios por impago en vivienda habitual, lanzamientos de ocupantes tras subasta si esta es vivienda habitual y ejecuciones derivadas de procesos de familia[78].

La actuación del procurador en la ejecución es de carácter personal e indelegable, se realiza bajo el control del órgano judicial y es impugnable ante el letrado o letrada de la Administración de Justicia (LAJ), lo que refuerza su posición como colaborador público de la Administración de Justicia[79], contra cuyo decreto resolutivo se podrá interponer recurso de revisión.

La ley incluye la posibilidad de que el Colegio de Procuradores del lugar en que se siga la ejecución sea nombrado depositario de bienes muebles embargados, siempre que disponga de un servicio adecuado para asumir las responsabilidades legales inherentes, expidiéndose a tal efecto la credencial necesaria[80].

---

75 Ley 1/2000, de Enjuiciamiento Civil, **art. 23.5.**

76 Ley Orgánica 1/2025, de 2 de enero, de medidas en materia de eficiencia del Servicio Público de Justicia, **disposición adicional 11.ª.**

77 Ley 1/2000, **arts. 23.4, 622.1, 623.4, 629.1, 645.1 y 705.**

78 Ley Orgánica 6/1985, de 1 de julio, del Poder Judicial, **art. 543.2.**

79 Ley 1/2000, de 7 de enero, de Enjuiciamiento Civil, **arts. 452 y 453**

80 Ley 1/2000, **art. 626.4.**

2.5. Conclusiones prácticas desde la procura

Las novedades legislativas, especialmente la LO 1/2025, reafirman y amplían el papel del procurador como operador jurídico esencial en el nuevo modelo de justicia, especialmente en el ámbito de la ejecución civil, reforzando su función técnica, su responsabilidad profesional y su papel como garante del adecuado funcionamiento de la regularidad procesal y de la eficacia del servicio público de justicia.

Area de impacto	Conclusión práctica
Mayor protagonismo en la ejecución	Procurador como pieza clave, con facultades materiales que hasta ahora estaban reservadas a la Oficina Judicial. Se reconoce legalmente la capacidad de certificación en los actos delegados.
Formación continua	Se exige al procurador un dominio técnico de las plataformas electrónicas (subastas, embargos, registros), así como habilidades de coordinación con los LAJ y registros públicos.
Delegación y responsabilidad	La actuación delegada exige consentimiento expreso del cliente, actuación a su costa, y comporta responsabilidad profesional, lo que refuerza la importancia del consentimiento informado y del seguro de responsabilidad civil.
Eficiencia y tutela judicial efectiva	La intervención del procurador en actos materiales descarga de trabajo a la oficina judicial, acelera la ejecución y garantiza al representado una defensa más ágil y personalizada.
Retos prácticos	Establecer protocolos de actuación homogéneos en cada partido judicial. Dotar a los procuradores de medios técnicos adecuados. Afianzar la actuación del procurador como agente de ejecución.

CAPITULO III

EFICIENCIA PROCESAL PENAL, ADMINISTRATIVO Y LABORAL

Sumario: 3.1. Ámbito penal: impacto y nuevas competencias. 3.2. Ámbito contencioso administrativo: tramitación digital y simplificación. 3.3. Ámbito laboral: principales cambios y procedimientos afectados.

Resumen: El presente capítulo examina las reformas introducidas por la Ley Orgánica 1/2025 en los órdenes jurisdiccionales penal, contencioso administrativo y social, desde la perspectiva de la procura. Estas modificaciones buscan agilizar los procedimientos, optimizar recursos y reforzar los medios alternativos de resolución de conflictos, a la vez que impulsan la digitalización y la simplificación procesal. Para el procurador, estos cambios suponen una adaptación estratégica a nuevas dinámicas, el dominio de herramientas tecnológicas, una mayor proactividad en la promoción de acuerdos y un papel reforzado en la coordinación con abogados, clientes y órganos judiciales.

Palabras clave: Procura, reforma procesal penal, reforma procesal administrativa, reforma procesal laboral, digitalización judicial, MASC, agilización procesal, coordinación procesal, Ley 1/2025.

Eficiencia procesal en el ámbito penal, administrativo y laboral

La Ley Orgánica 1/2025, de 2 de enero, de medidas en materia de eficiencia del Servicio Público de Justicia (LO 1/2025), y la normativa relacionada, introducen reformas sustanciales en los órdenes jurisdiccionales penal, contencioso administrativo y de lo social, priorizando la digitalización, la resolución alternativa de conflictos y la agilización procesal.

Para los procuradores, estos cambios implican una adaptación a nuevas dinámicas procesales, un mayor énfasis en la tramitación telemática y una redefinición de su rol en ciertas fases del procedimiento; esto exige una actualización constante de sus conocimientos tecnológicos y procesales, una mayor proactividad en el impulso del procedimiento y una reafirmación de su rol como colaborador esencial en la consecución de una justicia más eficiente y accesible.

3.1. Ámbito penal: impacto y nuevas competencias

La LO 1/2025 aborda modificaciones puntuales en la Ley de Enjuiciamiento Criminal (LECrim), buscando agilizar los procedimientos existentes y reforzar la protección de las víctimas, en especial de los menores y las personas vulnerables, así como también potenciar la justicia restaurativa. Estas modificaciones afectan a la organización y competencias judiciales, y también directamente a la práctica profesional de los procuradores en el ámbito penal.

a) Reforma organizativa y competencias judiciales. Se modifica el artículo 14 de la LECrim para adaptarlo a la implantación de los Tribunales de Instancia en cada partido judicial, que contarán con una Sección Única, de Civil y de Instrucción o, en su caso, con una Sección Civil y una Sección de Instrucción, sustituyendo progresivamente a los juzgados unipersonales.

El conocimiento y fallo de los juicios por delito leve y la instrucción de causas penales se atribuye a las Secciones de Instrucción de los Tribunales de Instancia (con la excepción, de las que correspondan a las secciones con competencia en materias sobre Violencia sobre la Mujer o de Violencia contra la Infancia y la adolescencia).

Para el conocimiento y fallo de las causas por delitos con penas privativas de libertad no superiores a cinco años o multa, o cualesquiera otras de distinta naturaleza, bien sean únicas, conjuntas o alternativas, siempre que la duración de estas no exceda de diez años, la competencia recaerá en la Sección de lo Penal del Tribunal de Instancia (art. 14.3 LECrim).

Se crean las Secciones de Violencia contra la Infancia y la Adolescencia con competencia para instruir determinados delitos cuando la víctima sea menor de edad, incluyendo delitos de homicidio, lesiones, contra la libertad, la integridad moral, la libertad e indemnidad sexual, la intimidad, el honor, las trata de seres humanos, y quebrantamiento de condena (art. 468 CP), entre otros. También serán competentes para la adopción de medidas cautelares para proteger a las víctimas menores de edad, el conocimiento y fallo de delitos leves cuando la víctima sea menor, y la emisión y ejecución de instrumentos de reconocimiento mutuo de resoluciones penales en la UE.

Se amplían las competencias de las Secciones de Violencia sobre la Mujer, (art. 14.5 LECrim en relación con el art. 89 LOPJ, para incluir la instrucción de procesos penales por delitos contra la libertad sexual (Título VIII del Libro II del Código Penal), mutilación genital femenina, matrimonio forzado y acoso con connotación sexual, cuando la víctima sea mujer. También instruirán procesos por delitos de homicidio, aborto, lesiones, delitos contra la libertad, la integridad moral, la libertad sexual, la intimidad y el honor, o cualquier delito con violencia o intimidación cometido contra la esposa, o mujer que esté o haya estado ligada al autor por análoga relación de afectividad, aun sin convivencia, así como de los cometidos sobre los descendientes, propios o de la esposa o conviviente, o sobre los menores o personas con discapacidad que con él convivan o que se hallen sujetos a la potestad, tutela, curatela, acogimiento o guarda de hecho de la esposa o conviviente, cuando también se haya producido un acto de violencia de género (art. 14.5.a y 14.5.h LECrim).

En los supuestos de concurrencia de competencia se establece una regla de preferencia: cuando coincidan competencias entre Violencia sobre la Mujer y Violencia contra la Infancia y adolescencia, prevalecerá siempre la primera (art. 14.7 LECrim).

El Tribunal Central de Instancia, de nueva creación, con jurisdicción en todo el territorio nacional y sede en Madrid, contará con secciones de instrucción, penal, menores, vigilancia penitenciaria y contencioso administrativo. Entre las competencias en el ámbito penal, encontramos las siguientes:

Tribunal Central de Instancia	Competencias
Sección de Instrucción (art. 95.a LOPJ)	Instrucción de causas cuyo enjuiciamiento corresponda a la Sala de lo Penal de la Audiencia Nacional o a la Sección de lo Penal del propio Tribunal Central de Instancia, y tramitará expedientes de órdenes europeas de detención y entrega, extradición pasiva, y otros instrumentos de reconocimiento mutuo de resoluciones penales, así como las solicitudes de información entre los servicios de seguridad de la UE que requieran autorización judicial, y las peticiones de la Fiscalía Europea ante los jueces o juezas de garantías.
Sección de lo Penal (art. 95.b LOPJ)	Conocerá de causas por delitos específicos del art. 65 LOPJ y otros señalados por ley, y ejecutará sentencias de delitos graves o menos graves de su Sección de Instrucción, así como los procedimientos de decomiso autónomo por los delitos para cuyo conocimiento sean competentes.
Sección de Menores (art. 95.c LOPJ)	Conocerá procedimientos en materia de responsabilidad penal de menores atribuida a la Audiencia Nacional. Emisión y ejecución de instrumentos de reconocimiento mutuo en la UE referidos a menores.
Sección de Vigilancia Penitenciaria (art. 95.d LOPJ)	Funciones jurisdiccionales en ejecución de penas privativas de libertad y medidas de seguridad, control disciplinario penitenciario y protección de los derechos fundamentales de los internos. Tiene competencia preferente y excluyente para delitos de la Audiencia Nacional cuando el penado cumpla también otras condenas que no hubiesen sido impuestas por esta.

b) Denuncia telemática (art. 266 LECrim). La LO 1/2025, impulsa la digitalización de la Administración de Justicia, buscando modernizar y agilizar la tramitación de los procedimientos. En este marco de transformación, se introduce la posibilidad de presentar denuncias por vía telemática. No obstante, consciente de la necesidad de proteger a las víctimas y garantizar la correcta tramitación de los delitos graves, el legislador ha previsto limitaciones expresas para este tipo de denuncias (art. 266 párrafo segundo LECrim):

Limitaciones denuncia telemática	Finalidad
Hechos cometidos con violencia o intimidación	Asegurar la atención directa e inmediata de la víctima por las autoridades, valorando riesgos y medidas de protección.
Autor conocido o con testigos.	Contiene información relevante para la investigación por lo que requiere una interacción directa.
Denunciante menor de edad.	Garantizar la protección y el acompañamiento adecuado al menor en un proceso que puede ser sensible y complejo.
Delito flagrante	Requiere una intervención policial inmediata y una respuesta rápida de la justicia.
Hechos de naturaleza violenta o sexual	Requiere un entorno presencial con máximas garantías de confidencialidad y apoyo a la víctima, crucial para la recopilación de pruebas y su protección.

Las denuncias presenciales requieren firma autógrafa o manuscrita del denunciante, mientras que las telemáticas exigen firma conforme a la Ley 39/2015, precisándose para las personas jurídicas la firma con certificado electrónico cualificado con atributo de representante o medios equivalentes de identificación segura.

c) Conformidad. La reforma introduce cambios significativos en el régimen de conformidades del procedimiento ordinario.

Modificación	Impacto en el procedimiento
Supresión del límite penológico	Permite la conformidad en cualquier pena siempre que se ajuste a la calificación más grave presentada (art. 655 LECrim).
Conformidad	Durante la fase de calificación (art. 655 LECRim). Al inicio del juicio oral (art. 688 LECrim)
Nueva modalidad de conformidad por escrito conjunto de calificación	La defensa, con el consentimiento expreso del acusado, puede solicitar sentencia conforme al escrito de acusación más grave o a uno presentado en el acto (art. 787 ter LECrim).
Sentencia de conformidad	Se dictará oralmente, se documentará en acta y será firme, salvo que no se hubieran cumplido los requisitos legales (arts. 655.6 y 787 ter.6 LECrim).
Obligación del letrado de la defensa	Entregar al acusado un escrito explicativo del acuerdo, asegurando que su conformidad se presta libremente y con conocimiento de sus consecuencias (arts. 655.1 y 787 ter.4 LECrim)
Casos de especial gravedad o vulnerabilidad	El Ministerio Fiscal deberá oír previamente a la víctima (arts. 655.2 y 787 ter.1 LECrim).

d) Derecho del acusado a declarar en último lugar. Reconoce la posibilidad del acusado de no declarar hasta que haya concluido la práctica de todas las pruebas, garantizando de esta manera un mejor ejercicio del derecho a la defensa. (art. 701 LECrim).

e) Información de derechos. La reforma introduce un régimen reforzado de información a las víctimas y perjudicados en el proceso penal (art. 771 y art. 776 LECrim).

f) Audiencia preliminar. En el procedimiento abreviado se introduce esta nueva fase obligatoria previa al juicio oral para la depuración de cuestiones procesales, la admisión de pruebas, el planteamiento de la conformidad, la nulidad de actuaciones o la nulidad de pruebas propuestas, la vulneración de derechos fundamentales y la decisión sobre pruebas anticipadas, entre otros. (art. 785 LECrim).

g) Juicio rápido y diligencias urgentes. Se amplía el ámbito de aplicación de los procedimientos para el enjuiciamiento rápido (art. 795 LECrim), para incluir los delitos de allanamiento de morada (art. 202 CP) y usurpación (art. 245 CP). Asimismo, la celebración del juicio oral se ajusta a los trámites del procedimiento abreviado (art. 802 LECrim), con la particularidad de que queda excluida la fase de audiencia preliminar.

h) Ejecución penal. Unifica en un solo trámite la suspensión o sustitución de penas y el cumplimiento de responsabilidades pecuniarias (art. 988 bis LECrim).

Respecto de la ejecución provisional de responsabilidades civiles determinadas en la Sentencia, faculta al órgano judicial para encomendar las actuaciones de investigación patrimonial a la AEAT o a las Haciendas Forales (art. 989.2 LECrim).

i) Justicia restaurativa (disposición adicional novena LECrim). Se basa en los principios de voluntariedad, gratuidad, oficialidad y confidencialidad. Puede acordarse por el juez o tribunal de oficio o instancia de parte, salvo excepciones legales. En delitos leves, el proceso restaurativo interrumpe la prescripción. En cuanto a sus efectos procesales: archivo (delitos leves), sobreseimiento (delitos privados) o conversión en conformidad (arts. 655 y 787 ter LECrim).

Para comprender conceptualmente esta nueva y renovada concepción de justicia penal, basada en los principios antes indicados, Salvador Peris, P. nos dice que *«La justicia restaurativa plantea una visión alternativa del fenómeno delictivo, al desplazar el foco del proceso penal desde la mera transgresión normativa hacia el daño concreto sufrido por la víctima y la comunidad. Más que imponer una pena, propone un enfoque participativo y relacional en el que intervienen activamente todas las partes implicadas, con el objetivo de abordar las consecuencias del delito y buscar una reparación efectiva»*[81].

---

81 Peris, P. S. (2025). «La Ley de eficiencia procesal 1/2025: Una oportunidad para la reinserción social a través de la justicia restaurativa». *Cuadernos de RES PUBLICA en derecho y criminología*, (n.º 6) 1-14, p. 2. Universidad Internacional de Valencia. https://doi.org/10.46661/respublica.12046

Por lo anterior, podemos afirmar que la visión penal retributiva, asociada al *castigo*, es sustituida por el modelo de *la reparación* efectiva del daño causado a la víctima y en la asunción de responsabilidad del autor del hecho punible.

j) Tramitación preferente. Se establece la tramitación preferente de los procesos penales en los que esté involucrada como víctima una persona menor de edad, buscando una mayor protección y evitando la victimización secundaria (disposición adicional 8.ª LECrim).

La LO 1/2025 sitúa al procurador en una posición estratégica, debiendo anticiparse a posibles incidencias, supervisar el adecuado desarrollo del procedimiento y proteger los derechos e intereses de las partes. Desde esta perspectiva, la reforma exige formación continua, manejo ágil de herramientas digitales y una proactividad constante y coordinada con la defensa o la acusación para que la eficiencia procesal se traduzca en resultados efectivos para el representado.

Actuación práctica del procurador

- Ámbito penal – LO 1/2025

Aspecto normativo	Impacto en el procedimiento	Acción práctica del procurador
Reorganización órganos jurisdiccionales penales (arts. 14 LECrim y arts. 89 y 95 LOPJ)	Creación de secciones en Tribunales de Instancia y Tribunal Central de Instancia, como órganos colegiados.	Verificar el órgano competente y actualizar la nomenclatura en escritos y notificaciones.
Audiencia preliminar (arts. 785 LECrim)	Concentración en un solo acto de cuestiones previas, admisión de pruebas e incidencias.	Coordinar con el letrado la documentación y agenda para una preparación única y eficiente.
Conformidad (arts. 655, 688 y 787 ter de la LECrim)	Mayor margen para acuerdos de conformidad desde fases iniciales	Gestionar plazos y facilitar la formalización de acuerdos evitando retrasos.
Justicia restaurativa (disp. Adicional 9.ª LECrim)	Introducción de programas restaurativos voluntarios para ciertos delitos	Informar al cliente y gestionar la derivación si procede, con seguimiento del acuerdo.

3.2. Ámbito contencioso administrativo: tramitación digital y simplificación

La Ley 29/1998, de 13 de julio, reguladora de la Jurisdicción contencioso-administrativa, también es objeto de reforma[82] con un doble objetivo, por una

---

82   Ley Orgánica 1/2025, de 2 de enero, de medidas en materia de eficiencia del Servicio Público de Justicia **(art. 21)**. Boletín Oficial del Estado, 3, 3 de enero de 2025. https://www.boe.es/eli/es/lo/2025/01/02/1

parte, para introducir medidas de agilización en la tramitación procesal y, por otra, optimizar de recursos disponibles, siendo la digitalización un eje central.

a) **Reforma organizativa.** Se suprimen los juzgados unipersonales de lo contencioso administrativo, que se integran en las secciones de lo contencioso administrativo de los nuevos Tribunales de Instancia (art. 93 LOPJ).

El Juzgado Central de lo Contencioso-Administrativo se sustituye por la Sección de lo Contencioso-Administrativo del Tribunal Central de Instancia (art. 95.e LOPJ).

Se regula la existencia de una sección de lo contencioso administrativo en el Tribunal de Instancia con sede en capital de provincia (art. 93 LOPJ), así como la posibilidad de creación de secciones en otras sedes si el volumen de asuntos lo requiere.

En cuanto a la implicación práctica para la procura en este contexto, corresponde al procurador, además de las otras funciones que le son propias, verificar la nueva nomenclatura de las demandas y escritos conforme a la nueva estructura de los Tribunales de Instancia y secciones, asegurando la coherencia formal de las actuaciones. Asimismo, debe comprobar rigurosamente la competencia objetiva del órgano jurisdiccional antes de la interposición de cada recurso o demanda, evitando eventuales inadmisiones.

b) **Tramitación electrónica y presentación de documentos.** Se generaliza el uso del expediente administrativo electrónico, y obliga a la administración demandada a su remisión en soporte electrónico o a través del punto de acceso electrónico al expediente judicial, quedando automáticamente integrado en los sistemas de gestión procesal correspondientes (art. 78 y art. 48 LJCA).

Se impulsa el uso de plataformas telemáticas para presentación de escritos, notificaciones, y acceso al expediente judicial.

La presentación de documentos en actos judiciales o procesales celebrados por videoconferencia se ajustará a la Ley que regule el uso de las tecnologías en la Administración de Justicia (art. 60.8 LJCA).

c) **Diligencias de preparación de prueba.** Se introduce la posibilidad de que, en el procedimiento abreviado, la parte demandante solicite diligencias de preparación de pruebas a practicar en el juicio. Los Letrados de la Administración de Justicia serán los encargados de acordar lo procedente para su práctica, sin perjuicio de lo que decida el juez o tribunal sobre su admisión o inadmisión (art. 78.3 LJCA).

d) **Celebración de la vista y sentencia oral.** El demandante puede solicitar por otrosí en su demanda que el recurso se falle sin necesidad de recibimiento a prueba ni tampoco de vista, declarando concluso el pleito (art. 78.3 en relación con el art. 57 LJCA), salvo que el juez o la jueza hagan uso de la facultad de acordar pruebas de oficio (art. 61 LJCA).

La solicitud de celebración de vista por la parte demandada debe realizarse dentro de los primeros diez días del plazo para contestar la demanda, argumentando los hechos en disconformidad y señalando los medios de prueba. Respecto de esta solicitud, el juez decidirá por auto, que será no recurrible si se acuerda la celebración, pero sí recurrible en reposición si se rechaza, indicando además el plazo que resta para contestar la demanda.

Presentada la contestación se abrirá un trámite de conclusiones, por plazo de cinco días sucesivos, si la parte actora lo hubiese solicitado en su demanda.

Si el juez o la jueza estimase que alguna prueba relevante no puede practicarse en la vista, sin mala fe por parte de quien tuviera la carga de aportarla, la suspenderá (art. 78.18 LJCA).

Se introduce la posibilidad de dictar sentencia oral al concluir el acto, sin perjuicio de su ulterior redacción, la cual debe ajustarse a los requisitos de forma y consecuencias previstas en los apartados 3 y 4 del art. 210 de la Ley 1/2000, de 7 de enero, de Enjuiciamiento Civil, y pronunciando su fallo de acuerdo con lo dispuesto en los arts. 68 a 71 LJCA (art. 78.20 LJCA).

e) Legitimación de los sindicatos. Se extiende la legitimación en el orden jurisdiccional contencioso-administrativo a los sindicatos, para actuar en nombre del interés del personal funcionario y estatutario afiliado que lo autorice, en defensa de sus derechos individuales, recayendo sobre dichos afiliados los efectos de aquella actuación (art. 19.1.k. LJCA).

Respecto del escrito interpuesto por el sindicato actuando con esta legitimación y que inicia el recurso contencioso administrativo, deberá acompañar el documento o documentos que acrediten dicha afiliación y la existencia de comunicación por el sindicato al afiliado de la voluntad de iniciar el proceso, así como la autorización expresa del afiliado al sindicato para dicha iniciación (art. 45.2.e LJCA).

g) Recurso de casación. Se establece la posibilidad de que la Sala de Gobierno del Tribunal Supremo pueda determinar mediante acuerdo la extensión máxima y otras condiciones de los escritos de interposición y oposición de los recursos de casación (art. 87 bis.1 LJCA). Asimismo, se refuerza la exigencia de interés casacional objetivo como requisito de admisibilidad (art. 88 LJCA).

La LO 1/2025 acentúa la necesidad de una mayor especialización técnica y procesal por parte del procurador, desempeñando un papel esencial en la eficacia del procedimiento contencioso administrativo. En este sentido, es fundamental controlar la correcta identificación del órgano y la competencia; gestionar con precisión la documentación y legitimación en los casos sindicales; impulsar la recepción y control del expediente electrónico; y mantener la proactividad en el seguimiento de plazos y comunicaciones electrónicas.

Actuación práctica del procurador

- Ámbito contencioso administrativo – LO 1/2025

Aspecto normativo	Impacto en el procedimiento	Acción práctica del procurador
Reforma organizativa (arts. 84, 93, 95 LOPJ)	Supresión de juzgados unipersonales, integración en secciones colegiadas en Tribunales de Instancia y Tribunal Central de Instancia.	Identificar el órgano competente; ajustar los escritos a la nueva terminología organizativa.
Ampliación de legitimación sindical (arts. 19.1.k, 45.2.e LJCA)	Los sindicatos podrán defender derechos individuales con autorización expresa.	Revisar la documentación de afiliación a fin de evitar inadmisiones.
Expediente administrativo electrónico (art. 78 y 48 LJCA)	Remisión del expediente electrónico con carácter obligatorio.	Controlar los plazos y el acceso al expediente; comunicar incidencias por falta de acceso al mismo.
Digitalización obligatoria (art. 162 LEC / disposiciones LJCA)	Uso generalizado de plataformas telemáticas para el expediente y las notificaciones.	Mantener la destreza en sistemas electrónicos y la custodia segura de copias.

3.3. Ámbito laboral: principales cambios y procedimientos afectados

La Ley 36/2011, de 10 de octubre, reguladora de la Jurisdicción Social (LRJS), ha sido objeto de reforma por la LO 1/2025 con el objetivo de adecuar la estructura judicial al nuevo modelo de Tribunal de Instancia y Oficina Judicial, agilizar los procedimientos (oralidad de las sentencias, notificación y firmeza), impulsar la resolución anticipada de conflictos a través de la conciliación y la mediación, y refuerza el recurso de casación para la unificación de doctrina, entre otros aspectos.

a) Reforma organizativa. Los anteriores juzgados de lo social se transforman en secciones de lo social (art. 94 LOPJ), dentro de los Tribunales de Instancia (art. 84 LOPJ). Este tribunal contará con una Oficina Judicial, que en el ámbito de la jurisdicción de lo social juega un rol fundamental con la finalidad de lograr una mayor eficiencia y agilidad, proporcionando un soporte integral a los jueces y magistrados que atiendan los asuntos de la jurisdicción social, garantizando una respuesta homogénea, ágil y coordinada.

b) Conciliación y mediación previa. Se impulsa la conciliación anticipada como eje de la reforma. Se introduce la posibilidad de que el acto de conciliación sea señalado de manera separada y anticipada al juicio, a instancia de parte o de oficio por el LAJ, si hay posibilidades de un acuerdo. La duración de la mediación no podrá exceder de tres meses desde la solicitud (conforme al art. 20.2 de la Ley 5/2012 de mediación civil y mercantil, si bien en el ámbito laboral se tendrá por terminado el trámite si transcurren 30 días hábiles sin haberse celebrado, art. 65.2 LRJS).

La interrupción o suspensión de los plazos de prescripción o caducidad se produce desde la fecha de presentación de la solicitud de conciliación. El cómputo de plazos se reiniciará o reanudará al día siguiente de intentada la conciliación o mediación, o transcurridos 15 días hábiles desde su presentación sin que se haya celebrado (art. 65.1 LRJS).

Transcurrido el plazo de treinta días hábiles sin haberse celebrado el acto de conciliación o sin haberse iniciado mediación o alcanzado acuerdo en la misma, se tendrá por terminado el procedimiento y cumplido el trámite (art. 65.2. LRJS).

c) Señalamiento y desarrollo de actos procesales. Se establece la posibilidad de convocatorias separadas para conciliación y juicio (art. 82 LRJS).

Se regula la conciliación anticipada con una antelación mínima de 30 días al juicio. Se aumenta el plazo para solicitar diligencias preparatorias de prueba: de 5 a 10 días antes del juicio (art. 90.3 LRJS).

La incomparecencia injustificada del demandado al acto de conciliación no suspenderá los actos de conciliación y juicio, salvo causas justificadas o previstas legalmente (art. 83 LRJS).

d) Presentación anticipada y digital de pruebas. Presentación telemática de documental e informe pericial con diez días de antelación al juicio. La prueba se deberá presentar en formato electrónico, salvo que la parte no venga obligada a relacionarse electrónicamente con la Administración de Justicia, en cuyo caso se admitirá la presentación en papel o en otros soportes no digitales. Transcurrido este plazo, sólo se admitirán documentos, dictámenes, medios e instrumentos relativos al fondo del asunto, salvo que se refieran a hechos posteriores; desconocimiento previo justificado o de imposibilidad objetiva de obtención (art. 82.5 LRJS).

e) Condena en Costas y buena fe procesal. Se incrementa el mínimo de las multas por vulneración de las reglas de la buena fe procesal o temeridad en las pretensiones, de 600 € hasta 6.000 €, sin poder superar la cuantía de la tercera parte del litigio (art. 75.4 LRJS).

f) Sentencia oral. Se introduce la posibilidad de dictar sentencia oral al concluir el acto (art. 50 LRJS), con el contenido y los requisitos establecidos en el apartado 2 del art. 97 LRJS.

Podrá declarar su firmeza inmediata si las personas que son parte en el procedimiento estuvieren presentes en el acto, debidamente asistidas por abogado o representadas por procurador o graduado social, y expresaren su decisión de no recurrir. No procede en procedimientos sin abogado o graduado social.

g) Recurso de casación para la unificación de doctrina. Se establecen nuevas causas de inadmisión, como la falta de interés casacional objetivo, y la posibilidad de una inadmisión parcial del recurso. El recurso de casación social tiene un alcance y finalidad unificados con otras Salas del Tribunal Supremo, con un especial rigor en los requisitos de admisión (art. 219 y 225.4 y 5 LRJS).

h) Ejecución. El tribunal, mediante auto, rechazará de plano y sin sustanciación alguna la demanda de tercería de dominio a la que no se acompañe un principio de prueba por escrito del fundamento de la pretensión del tercerista, así como la que se interponga con posterioridad al momento en que, de acuerdo con lo dispuesto en la legislación civil, se produzca la transmisión del bien al acreedor o al tercero que lo adquiera en pública subasta (art. 260.2 LRJS).

La realización de los bienes embargados se ajustará a lo dispuesto en la legislación procesal civil (art. 264 LRJS).

i) Cambios sustantivos en el Estatuto de los Trabajadores (ET). Extinción del contrato, por voluntad del trabajador, por impago o retrasos continuados de salarios (art. 50.1.b ET) por retraso de 15 días seguidos a la fecha fijada para el abono; por 3 mensualidades impagadas en un año no consecutivas o retraso en el pago del salario por 6 meses aún no consecutivos.

En cuanto a la extinción del contrato por causas objetivas (art. 52 ET), se establece la nulidad automática de la extinción en el supuesto de las trabajadoras embarazadas, desde la fecha de inicio del embarazo hasta el comienzo del periodo de suspensión a que se refiere la letra a); el de las personas trabajadoras que hayan solicitado uno de los permisos a los que se refieren los apartados 3.b), 4, 5 y 6 del art. 37, o estén disfrutando de ellos, o hayan solicitado o estén disfrutando de las adaptaciones de jornada previstas en el art. 34.8 o la excedencia prevista en el art. 46.3; y el de las personas trabajadoras víctimas de violencia de género o de violencia sexual, por el ejercicio de su derecho a la tutela judicial efectiva o de los derechos reconocidos en esta ley para hacer efectiva su protección o su derecho a la asistencia social integral (art. 53.4.b ET). Respecto a la nulidad del despido de las trabajadoras embarazadas se modifica el art. 55.5 ET.

La LO 1/2025 convierte al procurador en un gestor procesal integral en el ámbito de lo social. Así, la rapidez, precisión digital y coordinación proactiva son fundamentales para la procura, incidiendo en el control preciso de los tiempos procesales con plazos más estrictos; la vigilancia de la validación técnica de presentaciones electrónicas respecto del formato y la debida antelación; el establecimiento de una coordinación estratégica con el letrado para maximizar la agilidad procesal; y la prevención de riesgos de inadmisiones y sanciones.

Actuación práctica del procurador

- Ámbito laboral – LO 1/2025

Aspecto normativo	Impacto en el procedimiento	Acción práctica del procurador
Sentencias orales (art. 50 LRJS)	El juez puede dictar sentencia oral al finalizar el juicio y declararla firme si las partes no recurren.	Permanecer en sala y controlar la ejecución inmediata si hay firmeza.
Conciliación y mediación previa (art. 65 LRJS)	Interrupción o suspensión de los plazos de prescripción y caducidad.	Controlar estrictamente los plazos para el reinicio o la reanudación del cómputo.
Presentación anticipada de pruebas (arts. 82.5 y 90.3 LRJS)	Obligación de presentación telemática, plazo de 10 días hábiles antes del juicio.	Controlar el plazo y el formato correcto de presentación; conservar acuses.
Régimen sancionador (art. 75 LRJS)	Multas entre 600 € y 6.000 € por mala fe procesal.	Cumplir los deberes procesales conforme a las reglas de la buena fe.
Cambios sustantivos ET (arts. 50.1.b, 53.4.b. y 55.5.b ET)	Nulidad automática de despidos en casos de embarazo, conciliación o permisos; extinción por impago prolongado.	Coordinar la presentación urgente de demandas y ejecuciones; documentar las conciliaciones previas.

CAPÍTULO IV

DIGITALIZACIÓN Y PROBLEMÁTICAS PRÁCTICAS PARA LA PROCURA

Sumario: 4.1. Digitalización del Proceso Judicial: Plazos y Nuevas Plataformas. 4.2. Impacto de las Nuevas Tecnologías en la Práctica Profesional. 4.3. Plataformas Digitales: LexNET, e-Justicia (Arconte y Noticat), Sede Judicial Electrónica, REA (Registro de Apoderamientos). 4.4. Problemáticas Comunes: Suspensión de Servicios, Subsanación de Defectos. 4.5. Recomendaciones Prácticas para los Procuradores. 4.5.1. Adaptación y Formación Continua. 4.5.2. Coordinación con Órganos Judiciales.

Resumen: Aborda el reto de la digitalización judicial desde la posición del procurador, quien debe dominar plataformas como Lexnet, e-Justicia, Sede Judicial Electrónica y REA para garantizar la presentación y recepción seguras de escritos y notificaciones. Examina las incidencias técnicas que afectan a la tramitación, la responsabilidad profesional en la subsanación y la importancia de la formación tecnológica continua para mantener la eficiencia y evitar dilaciones procesales.

Palabras clave: Procura, digitalización judicial, Lexnet, e-Justicia, Sede Judicial Electrónica, REA, incidencias técnicas, subsanación, formación tecnológica.

4.1. Digitalización del proceso judicial: plazos y nuevas plataformas

La Ley 1/2025 y las reformas asociadas, especialmente el RDL 6/2023, configuran un **ecosistema judicial plenamente digital,** orientado a la implantación definitiva de la tramitación procesal electrónica, adaptando la realidad judicial española al marco tecnológico contemporáneo y fomentando una relación digital entre la ciudadanía y los órganos jurisdiccionales.

Se establecen plazos comunes para la digitalización integral de todos los procedimientos con un despliegue que afecta tanto a la estructura organizativa de los órganos judiciales como a la práctica diaria de los procuradores, fijando plazos para la integración total de la tramitación electrónica y el uso obligatorio de plataformas digitales en todas las fases del procedimiento.

Esto incluye la potenciación del **Expediente Judicial Electrónico**, pasando de una orientación al documento a una orientación al dato, lo que permitirá una mejor planificación y elaboración de estrategias en la política pública de justicia, así como la automatización de trámites.

Además, se establece la preferencia de las **comunicaciones judiciales por vía telemática**, con excepciones para quienes no estén obligados a ello. Se incorpora también un sistema de acceso único y personalizado denominado **«Carpeta Justicia»**, interoperable con la Carpeta Ciudadana, que permite a los ciudadanos consultar expedientes, acceder a sus actos de comunicación y solicitar cita previa.

En este nuevo modelo, la **Sede Judicial Electrónica** asume el protagonismo en la gestión inteligente del procedimiento, centralizado en el reparto de asuntos, asignación de vistas, control automatizado de plazos, interconexión con registros públicos, emisión telemática de notificaciones, todo ello bajo estrictos parámetros de seguridad, trazabilidad y eficiencia.

Desde la óptica del procurador, esta transformación implica asumir un papel reforzado como gestor especializado del expediente judicial electrónico, garantizando no solo la presentación y recepción puntual de escritos y actos de comunicación, sino también la supervisión técnica y jurídica del flujo procesal. Ello requiere una adaptación constante a los entornos digitales, la observancia de los protocolos de acceso seguro y la coordinación fluida con la Oficina Judicial, de modo que la representación procesal mantenga intactas las garantías, la celeridad y la fiabilidad de las actuaciones.

4.2. Impacto de las nuevas tecnologías en la práctica profesional

La adopción de herramientas digitales ha transformado el ejercicio profesional del procurador, quien ahora debe conocer los sistemas de tramitación electrónica, la firma avanzada, la interoperabilidad y la ciberseguridad. El tiempo de actuación se reduce significativamente, pero exige una capacitación continua y la adaptación a protocolos técnicos.

Funciones clave del procurador en el entorno digital judicial

Función	Descripción	Objetivo jurídico procesal
Gestión del Expediente Judicial Electrónico (EJE)	Supervisar, tramitar y custodiar digitalmente todas las actuaciones procesales en formato electrónico.	Garantizar la integridad documental y la trazabilidad del procedimiento.
Control digital de plazos	Uso de herramientas automáticas de seguimiento de vencimientos y preclusiones.	Evitar caducidades y preservar el derecho a la tutela judicial efectiva.
Presentación telemática de escritos	Envío y validación de escritos a través de LexNET, la Sede Judicial Electrónica o la plataforma autonómica.	Cumplir los requisitos de admisibilidad y forma exigidos por la LEC y las normas procesales.
Recepción y gestión de notificaciones electrónicas	Control diario de notificaciones para su inmediata comunicación al letrado y al cliente.	Asegurar la reacción procesal dentro del plazo legal.
Acreditación de MASC	Registro y aportación del justificante PIMASC como requisito de procedibilidad.	Evitar inadmisiones por incumplimiento de los arts. 403.2 y 264.4 LEC
Uso de puntos de acceso y lugares seguros	Conexión a plataformas judiciales desde entornos controlados conforme al ENS.	Proteger los datos sensibles y preservar la cadena de custodia digital.
Intervención en videollamadas judiciales	Participación en vistas y diligencias telemáticas desde lugares seguros y con autenticación robusta.	Garantizar la validez procesal del acto y la identidad del interviniente.
Coordinación con la oficina judicial	Comunicación directa y segura para la resolución de incidencias técnicas o procesales.	Minimizar retrasos y subsanar defectos con celeridad.
Formación y actualización tecnológica	Participación en programas formativos sobre plataformas y ciberseguridad.	Mantener la competencia técnica exigida por el EGPE y la normativa procesal.

4.3. Plataformas digitales

El ejercicio profesional del procurador en el entorno digital exige un conocimiento integral de las plataformas y sistemas de gestión procesal habilitados por la Administración de Justicia, tanto de ámbito estatal como autonómico. Cada herramienta cumple una función específica dentro del ciclo de vida del expediente judicial electrónico, y su manejo correcto garantiza la celeridad, seguridad y trazabilidad de las actuaciones.

Principales plataformas de uso profesional: Lexnet, Sede Judicial Electrónica, REA (Registro de Apoderamientos) y PIMASC (Punto de Interoperabilidad MASC). No hay que olvidarse de las comunidades autónomas no incluidas en el sistema Lexnet y que poseen su propio sistema telemático de notificaciones (Cantabria: Vereda; País Vasco: JustiziaSip; Cataluña: e-justicia.cat; Aragón y Navarra: Avantius).

Plataforma	Finalidad y uso práctico	Enlace oficial
Lexnet	Plataforma principal de comunicaciones procesales en el territorio nacional. Permite el envío y recepción de escritos, control de acuses de recibo y gestión documental segura.	https://sedejudicial.justicia.es/-/lexnet
Sede judicial electrónica	Punto de acceso único para profesionales a trámites, agendas, consulta de publicaciones judiciales y expedientes electrónicos.	https://sedejudicial.justicia.es/
REA (Registro Electrónico de Apoderamientos)	Registro obligatorio para la presentación y consulta de poderes apud acta ante la Administración de Justicia.	https://sedejudicial.justicia.es/
PIMASC (Punto Interoperabilidad MASC)	Herramienta para documentar el proceso MASC mediante formulario normalizado, generando un justificante válido para acreditar el requisito de procedibilidad en asuntos civiles y mercantiles.	https://www.administraciondejusticia.gob.es/servicios-digitales-masc
Otros sistemas de gestión procesal	Plataformas autonómicas como Minerva Atenea, Justizia.bat, Avantius, IUS Madrid, Cicerone Just@cv, @Adriano, Atlante y Fortuny, con funcionalidades adaptadas a cada territorio.	

En España doce comunidades tienen asumidas las competencias en materia de Justicia, lo que conlleva a una pluralidad de sistemas. A continuación, se indican los sistemas de gestión procesal[83]:

Comunidad Autónoma	Plataforma de gestión procesal	Enlace web
Andalucía	Adriano	https://sede.justicia.juntadeandalucia.es
Aragón	Avantius	https://sedejudicial.aragon.es/
Asturias	Minerva	https://www.administraciondejusticia.gob.es/-/soluciones-minerva
Islas Baleares	Atenea / Minerva	https://sedejudicial.justicia.es/-/visor-expediente-judicial-electronico
Islas Canarias	Atlante	https://sede.justiciaencanarias.es/sede/
Cantabria	Vereda / Avantius	https://www.cantabria.es/web/direccion-general-justicia/vereda
Castilla-La Mancha	Atenea / Minerva	https://sedejudicial.justicia.es/-/visor-expediente-judicial-electronico https://www.administraciondejusticia.gob.es/-/soluciones-minerva
Castilla y León	Atenea / Minerva	https://sedejudicial.justicia.es/-/visor-expediente-judicial-electronico https://www.administraciondejusticia.gob.es/-/soluciones-minerva
Cataluña	ejusticia.cat + Themis II	https://ejcat.justicia.gencat.cat/IAP-ng/
Comunidad Valenciana	Cicerone → Just@cv	https://sedejudicial.gva.es/es/professionals
Extremadura	Atenea / Minerva	https://sedejudicial.justicia.es/-/visor-expediente-judicial-electronico https://www.administraciondejusticia.gob.es/-/soluciones-minerva
Galicia	Minerva	https://www.administraciondejusticia.gob.es/-/soluciones-minerva
Madrid	IUSMadrid	https://sedejudicial.madrid.org/
Murcia	Atenea / Minerva	https://sedejudicial.justicia.es/-/visor-expediente-judicial-electronico
Navarra	Avantius	https://www.navarra.es/es/justicia
País Vasco	Justizia.bat → Avantius	https://www.justizia.eus/inicio/
La Rioja	Minerva	https://www.administraciondejusticia.gob.es/-/soluciones-minerva
Ceuta y Melilla	Atenea / Minerva	https://sedejudicial.justicia.es/-/visor-expediente-judicial-electronico

83   Il·lustre Col·legi de Procuradors de Barcelona. (2025, 18 de junio). **Avís 135/25**: Presentació sobre la Llei Orgànica 1/2025 del Ministeri de la Presidència, Justícia i Relacions amb les Corts.

4.4. Problemáticas comunes: suspensión de servicios, subsanación de defectos

En el ejercicio diario de la procura, las incidencias técnicas derivadas de la digitalización generan problemáticas recurrentes que exigen atención técnica inmediata y conocimiento actualizado de protocolos de contingencia. Estas situaciones demandan un **perfil proactivo, técnico y resolutivo del procurador,** con control continuo sobre los sistemas electrónicos y capacidad de rápida reacción. Las más habituales son:

Incidencia	Problemática	Recomendación
Suspensiones o caídas del sistema (LexNET)	Impide presentar escritos, consultar notificaciones o acreditar el plazo.	Capturar pantalla del error (con fecha y hora) y comunicar la incidencia al CAU. Obtener, si es posible, el certificado de indisponibilidad emitido por el Ministerio o la Sede Judicial Electrónica. Registrar el intento de acceso o envío frustrado. Comunicar la incidencia al juzgado presentando el escrito el primer día hábil siguiente acompañado del justificante (art. 135.2 LEC).
Errores en la carga de documentos	El rechazo automático de escritos o anexos por peso, formato o validación de firma puede paralizar el procedimiento	Verificación previa con firma electrónica y compresor de archivos. Aportación documental en otro formato (CD o USB) en la oficina judicial el primer día hábil siguiente (art. 135.2 LEC).
Notificaciones fallidas o erróneas	Notificadas en bandejas incorrectas o no abiertas por errores del sistema.	Llevar un registro propio y diario de control de notificaciones. Documentar cualquier incidencia y solicitar su reiteración con base en el principio de tutela judicial efectiva.
Subsanación de defectos procesales	Se detecta un defecto en la presentación electrónica y el juzgado emite requerimiento	El procurador debe actuar con inmediatez o dentro del plazo requerido aportando la subsanación mediante nuevo escrito. En caso de incidencias técnicas, puede solicitar la prórroga justificada o la suspensión del plazo (art. 134.2 LEC).

4.5. Recomendaciones prácticas para los procuradores

La entrada en vigor de la Ley Orgánica 1/2025 y la consolidación del modelo de Justicia digital exigen del colectivo de procuradores un firme compromiso con la formación continua y la adaptación tecnológica. Este proceso no constituye una opción, sino una necesidad imperativa para garantizar una participación eficaz y conforme a derecho en el nuevo entorno judicial. A continuación, se detallan una serie de recomendaciones operativas para facilitar esta transición:

4.5.1. Adaptación y formación continua

a) La formación continua como garantía de eficiencia

La formación continua de los procuradores constituye un pilar esencial a fin de garantizar no sólo la calidad técnica de la representación procesal, sino también como garantía de la eficiencia del sistema judicial en su conjunto. La formación profesional permanente contribuye a reducir errores, agilizar trámites y mejorar la coordinación con órganos judiciales, reforzando así de manera directa el derecho fundamental a la tutela judicial efectiva de los justiciables[84].

De este modo, la actualización constante en materias procesales, tecnológicas y organizativas no se concibe únicamente como una recomendación profesional, sino como una condición necesaria para que el acceso a la justicia sea real, efectivo y conforme a las nuevas exigencias de un servicio público modernizado tras la entrada en vigor de la Ley Orgánica 1/2025. De ahí la importancia de participar en cursos homologados por colegios profesionales, ofrecidos por los colegios de procuradores, y los que constantemente imparte el Consejo General de Procuradores de España (CGPE), priorizando módulos formativos orientados a cuestiones clave como:

Reformas procesales recientes: Permite y facilita conocer los cambios normativos que afectan directamente el ejercicio de la procura (ej. obligatoriedad del MASC, digitalización, subastas judiciales electrónicas, etc.); aplicándolos correctamente en la práctica diaria del procurador para evitar errores o defectos procesales, inadmisiones o nulidades y adaptarse a nuevos roles asignados a la procura dentro del marco legal reformado.

Jurisprudencia actualizada: Analizar sentencias recientes de tribunales superiores que interpreten o aclaren las reformas legales; identificando su incidencia en la tramitación de los procedimientos, el cómputo de plazos, la validez de las actuaciones procesales, o la intervención del procurador en cada fase del procedimiento; e integrar esta jurisprudencia en la práctica profesional para fundamentar alegaciones, recursos y actuaciones procesales desde una perspectiva procesal actualizada.

En definitiva, se trata de impulsar la formación del procurador orientada a temas prácticos y vigentes, que facilite la adaptación del ejercicio profesional al marco jurídico actual y permita anticipar posibles conflictos o errores

---

84   Constitución Española, de 27 de diciembre de 1978, **art. 24.1.**

derivados de los cambios normativos, consolida así una procura más preparada, eficaz y alineada con las nuevas exigencias del sistema judicial.

b) Gestión y actualización de medios tecnológicos

El procurador, como operador jurídico, debe cumplir rigurosamente con las obligaciones de validación tecnológicas derivadas del uso obligatorio de medios electrónicos, para ello se recomienda:

Disponibilidad de equipos y conectividad. Asegurar el uso de equipos informáticos actualizados, con sistemas operativos compatibles con las herramientas de gestión procesal profesional; contar con conexión estable a Internet, preferiblemente con respaldo de red alternativa (datos móviles o red secundaria), especialmente durante plazos procesales sensibles; verificar la compatibilidad de navegadores, complementos (Java, PDF, firma electrónica) y seguridad del dispositivo.

Certificados digitales. Supervisar de forma periódica la vigencia de los certificados digitales profesionales; mantener copias de seguridad de certificados y claves de acceso, siempre bajo estrictas condiciones de seguridad y confidencialidad; registrar el certificado en todos los dispositivos de uso profesional y vincularlo correctamente con las plataformas judiciales.

Software de gestión procesal. Utilizar de preferencia programas de gestión de expedientes adaptados a la normativa actual, que integren agenda procesal, control de notificaciones, automatización de escritos y vinculación con Lexnet; software que permita trazabilidad documental, alertas de vencimientos y conservación de evidencias (resguardos, acuses, sellos de tiempo, etc.).

Seguridad y protección de datos. Se recomienda implementar sistemas de copias de seguridad periódicas en nube cifrada o dispositivos físicos custodiados; utilizar herramientas antivirus, cortafuegos y protocolos de acceso restringido a la documentación sensible; cumplir con el Reglamento General de Protección de Datos (RGPD) en la gestión de documentos judiciales, poderes, comunicaciones y notificaciones.

Supervisión del funcionamiento de plataformas. Realizar verificaciones diarias del funcionamiento de LexNET, Sede Judicial y otras herramientas; configurar sistemas de alertas ante posibles errores de envío, rechazos de escritos o inactividad de las bandejas electrónicas; documentar de forma sistemática cualquier error o caída del sistema, especialmente si puede afectar el cómputo de plazos o la validez de actuaciones.

La eficiencia tecnológica no es un valor añadido, sino un elemento estructural del ejercicio profesional del procurador en el entorno digital actual. De esta manera, una gestión rigurosa de los medios tecnológicos garantiza no solo el cumplimiento procesal, sino la credibilidad, confianza y excelencia del servicio prestado a nuestros representados.

A continuación, se presenta una lista de actualización recomendada para procuradores en cuanto a la gestión y actualización de medios tecnológicos aplicables en el marco de la LO 1/2025:

Elemento de gestión tecnológica	Acciones recomendadas
Equipos y conectividad	Equipos compatibles con plataformas judiciales Red principal y secundaria de Internet (sistema de respaldo) Navegadores y sistemas operativos actualizados
Certificados digitales	Renovación y supervisión periódica Registro seguro y controlado Configuración y control en múltiples dispositivos
Software de gestión procesal	Automatización de plazos y escritos Control documental y agenda procesal Trazabilidad y sellos de tiempo garantizando la integridad y existencia de documentos
Seguridad y protección de datos	Copias de seguridad cifradas y externas Antivirus y control de acceso Cumplimiento del RGPD
Supervisión diaria de plataformas	Revisión del estado de LexNET y Sede Judicial Alertas por errores de envío o caídas Registro de incidencias con capturas

c) Simulación y práctica profesional en entorno digital

La plena digitalización de la actividad procesal, consolidada por la LO 1/2025, exige que los procuradores no solo conozcan teóricamente los sistemas y plataformas tecnológicas judiciales, sino que dominen su uso en entornos prácticos simulados, reproduciendo las condiciones reales de tramitación. Esta formación experiencial es imprescindible para garantizar la seguridad jurídica, la eficiencia en la representación procesal y la trazabilidad de las actuaciones.

Entrenamiento en el Expediente judicial electrónico (EJE). Simular la tramitación de un procedimiento utilizando entornos formativos del EJE; Generar y gestionar escritos, visualizar documentos en formato interoperable, y organizar la carpeta procesal del procurador por fases del proceso; Verificar la integración de documentos con sellos de tiempo, firma digital y acuses automáticos.

Automatización de escritos y tareas. Uso de sistemas de tramitación asistida con inteligencia documental que permitan: elaborar borradores de escritos recurrentes (diligencias, solicitudes, subsanaciones); integrar alertas de vencimiento, plazos y requerimientos judiciales; y automatizar tareas no discrecionales (comprobación de notificaciones, gestión de copias, acuses, etc.) bajo la supervisión personal del procurador; todo ello conforme al principio de control humano reforzado, exigido por el marco ético y técnico de la interoperabilidad judicial.

Práctica en vistas telemáticas y uso de Puntos de Acceso Seguro (PAS). Familiarización con el uso de plataformas como Webex; acceso remoto con acreditación digital segura; y uso de entornos simulados de videoconferencia para entrenar la entrada, intervención y grabación conforme a protocolos procesales.

Estándares técnicos y normativos de calidad digital. Alineación con las directrices del Comité Técnico Estatal de la Administración Judicial Electrónica (CTEAJE); Protocolos de trazabilidad, interoperabilidad y gestión de errores; Control de versiones de software de tramitación judicial; y seguridad en la transmisión y almacenamiento de datos procesales[85].

Estas recomendaciones constituyen un eje estratégico en la adaptación profesional del procurador al nuevo ecosistema procesal. Permiten anticiparse a incidencias, reducir errores, garantizar respuestas en tiempo real y optimizar la interacción con todos los operadores jurídicos en este nuevo entorno digital.

Lista recomendada de adaptación práctica al modelo procesal electrónico tras la LO 1/2025 para el ejercicio profesional de la procura:

Área de actuación digital	Contenidos prácticos y competencias recomendadas
Expediente Judicial Electrónico (EJE)	Simulación completa de expedientes. Gestión de escritos y visualización documental. Verificación de firma digital y sellos de tiempo.
Automatización de escritos y tareas	Uso de asistentes para escritos procesales. Alertas automáticas de plazos y requerimientos. Automatización bajo control humano.
Vistas telemáticas y comparecencias digitales	Entrenamiento en plataformas oficiales (ej. Webex). Simulación de vistas judiciales por videoconferencia. Protocolos de acceso remoto seguro (PAS).
Puntos de Acceso Seguro (PAS)	Gestión documental desde sedes certificadas. Conexión a LexNET, REA y Carpeta Justicia. Presentación y notificación con trazabilidad.
Estándares de calidad judicial electrónica	Conformidad con protocolos del CTEAJE. Seguridad en la transmisión y conservación de datos. Trazabilidad e interoperabilidad de actuaciones.

---

85   Comité Técnico Estatal de la Administración Judicial Electrónica (CTEAJE). (s.f.). Guías de interoperabilidad y seguridad. Ministerio de la Presidencia, Justicia y Relaciones con las Cortes. https://www.administraciondejusticia.gob.es/cteaje/guias-de-interoperabilidad

4.5.2. Coordinación con órganos judiciales

La digitalización de la Justicia, junto con los cambios organizativos y procesales impulsados por la LO 1/2025 y el RD 6/2023, han transformado profundamente la relación entre los operadores jurídicos y los órganos judiciales.

En este nuevo contexto procesal, la coordinación efectiva se vuelve imprescindible para garantizar el acceso a la justicia digital, con respeto a los principios fundamentales de igualdad[86], seguridad jurídica[87] y la tutela efectiva del justiciable[88]. No obstante, persisten ciertas situaciones que generan dificultades prácticas recurrentes que afectan directamente al ejercicio profesional de la procura, causando demoras innecesarias, inseguridad jurídica y cierta ineficiencia operativa. A continuación, se detallan las principales incidencias detectadas, junto con propuestas concretas de mejora:

Incidencia detectada	Propuesta de mejora
Notificación incompleta o sin anexos relevantes (ej. falta de identificación del procedimiento o documentos judiciales)	Incorporar metadatos obligatorios en los sistemas de notificación y establecer una validación técnica automática previa al envío que impida la remisión sin los documentos adjuntos.
Notificación realizada al abogado, pero no al procurador (ej. duplicidad de actuaciones, pérdida de plazos)	Revisión técnica y normativa para garantizar la notificación prioritaria a la representación procesal (art. 153 LEC), evitando indefensión o error en el cómputo de plazos.
Caídas de sistema que impiden la presentación de escritos en plazo	Implementar un canal ágil de subsanación urgente y la emisión automática de certificado de indisponibilidad que sirva de justificante (art. 135.2 LEC).
Criterios dispares entre juzgados sobre cómputo de plazos (ej. cómputo LexNET):	Unificación de criterios mediante instrucciones del CGPJ y protocolos del CTEAJE, vinculantes para juzgados y profesionales.
Señalamientos o suspensión de juicios sin notificación con antelación suficiente	Respetar los plazos mínimos de notificación y establecer un sistema de alertas mediante doble canal (mensajería, móvil/correo + plataforma oficial), vinculada a la agenda programada de señalamientos.
Dificultades de acceso inmediato a la cuenta de depósitos y consignaciones (CDC).	Vinculación automática del número de cuenta judicial al procurador acreditado y habilitación del acceso telemático al extracto de movimientos y mandamientos de pago.
Falta de traslado de actuaciones previas a la personación del nuevo procurador.	Establecer un protocolo técnico para permitir el acceso íntegro al Expediente Judicial Electrónico (EJE), desde la incorporación de la nueva representación procesal.

---

86   Constitución Española, **art. 14**.

87   Constitución Española, **art. 9.3**.

88   Constitución Española, **art. 24.1**.

Aportación documental en formatos audio/video	Implementación de protocolo técnico y criterios unificados de admisión, almacenamiento y visualización segura desde los órganos judiciales.
Falta de actualización en los estados del procedimiento o movimientos procesales dentro del EJE	Automatización de la actualización de estados basada en el dato (tramitación orientada al dato). Prevenir errores por desconocimiento de la realidad procesal en tiempo real y así evitar desplazamientos innecesarios.
Incidencias que no se reflejan en el sistema	Inclusión de una funcionalidad de registro de incidencias que permita al profesional reportar incidencias en tiempo real con trazabilidad completa.

Las mejoras propuestas permitirían reforzar de forma sustancial la interlocución entre los tribunales y los procuradores, profundizando en la interoperabilidad, la transparencia y la equidad operativa, en línea con los principios del sistema procesal digital impulsado por la LO 1/2025 y estándares técnicos del CTEAJE. El procurador se configura, así como agente activo en la interoperabilidad judicial, garantizando el funcionamiento eficaz de la justicia digital.

CAPÍTULO V

JURISPRUDENCIA DE INTERÉS

Resumen: Selecciona y analiza resoluciones judiciales relevantes que inciden directamente en el ejercicio de la procura, en especial aquellas relativas a la aplicación práctica del requisito de procedibilidad MASC introducido por la Ley Orgánica 1/2025, la determinación de la fecha relevante de presentación o incoación de la demanda, la validez de las comunicaciones empleadas como intento de negociación previa y los límites constitucionales de su exigencia en determinados procedimientos, particularmente en el ámbito del derecho de familia. Esta jurisprudencia opera como guía para la actuación profesional, permitiendo anticipar problemas prácticos en la tramitación procesal, como la inadmisión de demandas y la existencia de criterios divergentes en la tramitación procesal. Debemos considerar que, ante los innumerables supuestos que se presentan en la práctica procesal, nos encontramos ante un contexto jurisprudencial en constante evolución, por lo que debemos estar atentos a la progresiva consolidación de los criterios aplicables.

Palabras clave: Procura, jurisprudencia, plazos procesales, presentación telemática, notificaciones, doctrina judicial, Ley 1/2025.

5.1. AAP Valencia, a 28 de mayo de 2025 (ROJ: AAP V 397/2025)

ECLI:ES:APV:2025:397A
N.º de Resolución: 299/2025
Municipio: Valencia
Ponente: Patricia Montagud Alario
N.º Recurso: 572/2025

Resumen: El Juzgado de instancia inadmitió a trámite la demanda de liquidación del régimen económico matrimonial por no acreditar el cumplimiento del requisito de procedibilidad de MASC de la LO 1/2025, argumentando que la demanda había sido «incoada» tras su entrada en vigor, por tanto, inadmite la demanda por haber sido presentada el día dos de abril de 2025, es decir, un día antes de la entrada en vigor de la LO 1/2025.

La cuestión controvertida se encuentra en constatar la fecha de la efectiva presentación de la demanda como fecha válida e incuestionable frente a la fecha de incoación, toda vez que esta última ofrece incertidumbre y está sujeta a factores ajenos a la voluntad de las partes y con ello al sometimiento a los nuevos requisitos de procedibilidad.

En este sentido, es importante la interpretación de la aplicación del artículo 5 del Capítulo I, Título II, de la LO 1/2025, de 2 de enero, a partir de su entrada en vigor el día 3 de abril de 2025.

La APV en este Auto[89] resuelve que: «*presentada la demanda el 2 de abril de 2025, antes de la entrada en vigor de la LO 1/2025, de 2 de enero de acuerdo con la disposición transitoria novena y la disposición final trigésimo octava de la norma, que entraba en vigor el 3 de abril de 2025, no le eran de aplicación las modificaciones introducidas en la misma y la demanda de la recurrente debió ser admitida al cumplir los requisitos procesales exigibles en el momento de su presentación*» y, cita entre otros, como fundamento jurisprudencial en su decisión, la Sentencia del Tribunal Constitucional 222/2016 de 19 de diciembre[90], estableciendo, entre otros argumentos que «*la denegación de una decisión sobre el fondo de un asunto tiene relevancia y dimensión constitucional cuando tal inadmisión suponga una interpretación de la legalidad procesal manifiestamente irrazonable, arbitraria o fruto de un error patente*».

Afortunadamente, el criterio de interpretación del alto tribunal nos ofrece cierta y merecida tranquilidad a los profesionales de la procura, ya que reco-

---

89   Audiencia Provincial de Valencia, Sección 10.ª (2025, 28 de mayo). *Auto 299/* ECLI:ES:APV:2025:397A.

90   Tribunal Constitucional. (2016). Sentencia 222/2016, de 19 de diciembre (BOE núm. 23, 27 de enero de 2017). **ECLI:ES:TC:2016:222.**

noce con certeza manifiesta, ante todo, que la fecha de presentación de la demanda corresponde a la que debe ser considerada como válida y la única que ofrece certidumbre formal, y no la fecha de incoación, que como bien sabemos, no conoce de plazos, por diversos factores que muchas veces son ajenos a nuestra voluntad profesional.

Asimismo, la Junta de Magistrados y Magistradas de las Secciones Civiles de la Audiencia Provincial de Valencia de 13 de marzo de 2024 con ocasión de fijar criterios a la hora de aplicar la entrada en vigor del RDL 6/2023, de 19 de diciembre, que contenía la misma dicción «incoados» que la disposición transitoria novena de la LO 1/2025 acordó: *«en materia de recursos que deba conocer la Audiencia Provincial dicha reforma se aplicará a las resoluciones que se dicten en aquellos procedimientos cuya presentación de la demanda o solicitud sea posterior a la entrada en vigor de la reforma citada, es decir, el 20 de marzo de 2024».*

Por su parte, la Reunión de Presidentes de las Secciones Civiles de la Audiencia Provincial de Valencia de 21 de mayo de 2025 en la que se abordó la *interpretación del artículo 5 del Capítulo I, Título II, de la LO 1/2025, de 2 de enero,* a partir de su entrada en vigor el día 3 de abril de 2025, que dispone: «para que sea admisible la demanda se considerará requisito de procedibilidad acudir previamente a algún medio adecuado de solución de controversias (MASC)» consideró que el momento para hacer valer dicha exigencia procesal, *por razones elementales de seguridad jurídica, es el de presentación de la demanda,* fecha taxativa, y no el de incoación posterior del procedimiento de fecha dependiente de la capacidad de la Secretaría para su atención.

En esta misma línea, resulta muy interesante el análisis jurídico y tal como indica Montero Pugnaire.C, *«el Auto n.° 299/25 no solo constituye una resolución jurídicamente acertada, sino que lanza un mensaje claro al sistema judicial —y, de forma muy especial, al Legislador— sobre la necesidad de abordar con mayor rigor, sensibilidad y coherencia normativa la determinación del momento en que un procedimiento debe considerarse formalmente iniciado. Porque, más allá de tecnicismos, está en juego la garantía de derechos fundamentales y la credibilidad del sistema»*[91].

Así, tras analizar el presente Auto, puede afirmarse con certeza que la fecha de presentación de la demanda por el Procurador corresponde a la presentación efectiva de esta en el sistema electrónico (LexNET, e-Justicia, o programa equivalente según la Comunidad Autónoma), o el día de interposición si lo realiza directamente el justiciable, y no el de la fecha de incoación, cuando el órgano judicial en una fecha posterior registra el procedimiento.

---

91   Montero Pugnaire, C. (2025, 21 de junio). «¿Incoada o presentada? El reloj procesal que pone en jaque al profesional: una lectura crítica del Auto 299/25 de la Audiencia Provincial de Valencia y su impacto en la aplicación temporal de la Ley Orgánica 1/2025». *Economist & Jurist*. https://www.economistjurist.es/articulos-juridicos-destacados/incoada-o-presentada-el-reloj-procesal

5.2. AAP Alicante, a 18 de Julio de 2025 (ROJ: AAP A 253/2025)[92]

ECLI:ES:APA:2025:253A
N.º de Resolución: 48/2025
Municipio: Alicante
Ponente: Rafael Fuentes Devesa
N.º Recurso: 111/2025

Resumen: El Auto resuelve un recurso de apelación frente a la decisión del Juzgado de lo Mercantil n.º 4 de Alicante que había inadmitido una demanda por incumplimiento del requisito de procedibilidad introducido por la **LO 1/2025** en materia de **Medios Adecuados de Solución de Controversias (MASC)**, haciendo constar en el Auto recurrido que: «*siendo que en el presente caso no consta ni el pacto expreso de empleo del correo electrónico como medio o canal usual de intercambio de comunicaciones, y tan solo consta la remisión de dos correos electrónicos por la demandante al demandado (y, como se ha reseñado, a una dirección de correo electrónico cuya titularidad resulta en todo punto desconocida)*».

La controversia se centra en determinar el alcance y la aplicación del art. 5 de la LO 1/2025, que exige acreditar un intento previo de MASC para la admisión de la demanda, así como el valor de la denominada **«Oferta Vinculante Confidencial» (OVC)** como modalidad de negociación válida a efectos de cumplir con este requisito de procedibilidad. La Sección 8.ª de la AP de Alicante concluye que la oferta vinculante confidencial constituye un intento válido de negociación extrajudicial, siempre que se acredite documentalmente y cumpla los principios de buena fe procesal y que sea serio. En consecuencia, revoca la inadmisión de la demanda y ordena su tramitación.

El razonamiento se sustenta en argumentos jurídicos, como son el art. 5 de la LO 1/2025, que establece el intento de MASC como presupuesto de procedibilidad. Al mismo tiempo, considera los artículos 2 a 4 de la LO 1/2025, que definen y caracterizan los MASC como actividades negociadoras reconocidas por la ley, incluyendo modalidades no necesariamente formalizadas institucionalmente.

---

92 Martínez Carrera, J. (2025, julio 18). «Primer auto judicial de Audiencia Provincial sobre los MASC y la oferta vinculante confidencial [Comentario al Auto n.º 48/2025, Sección 8.ª de la Audiencia Provincial de Alicante, recurso de apelación 111/2025]». *Economist & Jurist*. https://www.economistjurist.es/actualidad-juridica/primer-auto-judicial-de-audiencia-provincial-sobre-los-masc-y-la-oferta-vinculante-confidencial/

Asimismo, tiene cierto contenido constitucional, en tanto que, el principio de tutela judicial efectiva consagrado en el art. 24.1 CE impide interpretaciones excesivamente formalistas que restrinjan el acceso a la justicia.

A su vez, resulta necesario efectuar igualmente una valoración crítica a esta resolución judicial y que se fundamenta en tres argumentos de carácter normativo: En primer lugar, la LO 1/2025, en el art. 2, admite como MASC cualquier actividad negociadora, siempre que sea reconocida y aceptada por las partes, sin exigencia para optar por uno u otro medio. Lo que está en duda en este aspecto, es la correcta verificación de la existencia de dicha OVC. Por otro lado, debemos mencionar el *principio de proporcionalidad*, que exige a las partes la mediación o la conciliación como MASC; por ello, esta resolución desnaturaliza en cierto modo la finalidad última de la LO 1/2025, esto es fomentar la resolución extrajudicial, dejando a criterio de una de las partes la iniciativa, sin esperar una respuesta efectiva de la otra parte. En último término, podría verse vulnerado el principio de seguridad jurídica consagrado en el art. 9.3 de la Constitución Española, ya que contribuye a generar incertidumbre a las partes en el proceso y validar esta modalidad unilateral, no hace más que favorecer los intereses de un determinado colectivo.

No obstante, apreciamos dos aspectos ciertamente discutibles: por un lado, la ausencia de desarrollo reglamentario: La LO 1/2025 no define de manera detallada las condiciones que deben reunir las «ofertas vinculantes confidenciales». Al reconocerlas como MASC válidos, la Sala se adelanta a una tarea que correspondería al legislador o al reglamento de desarrollo, lo que puede dar lugar a interpretaciones dispares en otras Audiencias Provinciales.

En la misma línea, se produce un riesgo de excesivo simplismo del requisito, si se admite cualquier intercambio de comunicaciones privadas como cumplimiento del requisito del art. 5 de la LO 1/2025, existe el riesgo de dejar sin contenido la finalidad de los MASC. De ahí la importancia de exigir, como hace el Auto, una documentación rigurosa que pruebe la seriedad y la buena fe de la oferta.

En definitiva, el Auto 48/2025 de la AP de Alicante, constituye un pronunciamiento pionero y ciertamente clarificador en la aplicación del art. 5 de la LO 1/2025. Su aportación principal radica en reconocer que la oferta vinculante confidencial puede constituir un MASC válido, siempre que esté acreditada.

Desde una perspectiva de la procura, esta resolución destaca la necesidad de una gestión documental diligente, ya que se debe garantizar que las ofertas o negociaciones extrajudiciales queden formalmente documentadas e incorporadas a la demanda para evitar inadmisiones.

5.3. AAP Navarra, a 03 de octubre de 2025 (ROJ: AAP NA 1353/2025)

ECLI: ES:APNA:2025:1353A
N.º de Resolución: 335/2025
Municipio: Pamplona / Iruña
Ponente: Adrián Camara del Rio
N.º Recurso: 1571/2025

Resumen: Demanda de divorcio, sin medidas vinculadas a los hijos o al reparto y adjudicación de bienes comunes. Resulta lesivo para el derecho a la tutela judicial efectiva del demandante exigirle un intento previo de negociación.

Se estima el recurso de apelación y se revoca la inadmisión de una demanda de divorcio contencioso (sin hijos ni bienes comunes) por falta de MASC. El tribunal considera que la inadmisión es un «rigorismo o formalismo excesivo» y lesivo para la tutela judicial efectiva. Se argumenta que exigir MASC para la mera disolución del matrimonio (que es una potestad jurisdiccional que se decreta por la autoridad competente si se cumplen los requisitos legales, como el transcurso de más de tres meses) es desproporcionado, ya que la contraparte no puede oponerse a esta pretensión.

5.4. AAP Zaragoza, a 06 de octubre de 2025 (ROJ: AAP Z 2121/2025)

ECLI:ES:APZ:2025:2121A
N.º de Resolución: 206/2025
Municipio: Zaragoza
Ponente: Antonio Angos Ullate
N.º Recurso: 1448/2025

Resumen: El auto apelado acordó la inadmisión de una demanda de juicio verbal por apreciar el incumplimiento de dos requisitos de procedibilidad: falta de MASC previo, de conformidad con el art. 5 de la LO 1/2025; y, la falta de acreditación de estar al corriente en el pago de las cuotas de comunidad exigida por el art. 18.2 de la Ley de Propiedad Horizontal.

La apelante cuestiona exclusivamente el primero de dichos motivos de inadmisión, relativo a la falta de intento previo de medio adecuado de solución de controversias (MASC), según lo previsto en los arts. 2 y siguientes de la LO 1/2025, en vigor desde el 3 de abril de 2025. El incumplimiento de este requisito se considera insubsanable, por lo que conlleva la inadmisión.

La Audiencia Provincial estima parcialmente el recurso de apelación interpuesto contra la inadmisión de la demanda de impugnación de acuerdos de la Comunidad de Propietarios. Respecto a la falta de MASC, primer motivo de inadmisión, la AP revoca la decisión, argumentando que este conflicto versa sobre materias de naturaleza imperativa o indisponible, como son los acuerdos comunitarios, y que la deliberación previa en la Junta de Propietarios equivale al empleo de «cualquier otro tipo de actividad negociadora» válida a efectos del cumplimiento del requisito de procedibilidad. En consecuencia, concluye que no resulta exigible la actividad extrajudicial regulada por la LO 1/2025, de acuerdo con el principio de exclusión de materias no disponibles. No obstante, el recurso se desestima en cuanto al segundo motivo de inadmisión, esto es, la exigencia de acreditar que el demandante se encuentra al corriente en el pago de las cuotas comunitarias.

5.5. AAP Navarra, a 13 de octubre de 2025 (ROJ: AAP NA 1435/2025)

ECLI:ES:APNA:2025:1435A
N.º de Resolución: 352/2025
Municipio: Pamplona / Iruña
Ponente: Ana Inmaculada Ferrer Cristóbal
N.º Recurso: 1448/2025

Resumen: MASC. Oferta vinculante. Contenido confidencial. Es suficiente con que se cumpla la identidad entre el objeto de la negociación y el objeto del litigio.

Se estima el recurso de apelación, revocando la inadmisión de una demanda de juicio verbal que fue rechazada, entre otras razones, por no constar el contenido de la oferta de negociación efectuada. La AP establece que, para acreditar el requisito MASC a través de la Oferta Vinculante Confidencial (OVC), basta con adjuntar el justificante de envío y recepción. Se enfatiza que el carácter de confidencialidad de la OVC implica que su contenido no debe mencionarse en la demanda. La documentación aportada (que incluía el asunto, la cuantía y la recepción el 10 de marzo de 2025) acreditaba la identidad de las partes y el objeto de la controversia, cumpliendo así con los requisitos legales y evitando un formalismo excesivo contrario a la tutela judicial efectiva.

5.6. AAP Barcelona, a 16 de octubre de 2025 (ROJ: AAP B 8281/2025)

ECLI:ES:APB:2025:8281A
N.º de Resolución: 459/2025
Municipio: Barcelona
Ponente: Guillermo Eduardo Arias Boo
N.º Recurso: 1388/2025

Resumen: Medios adecuados de solución de controversias. MASC. El Auto resuelve un recurso de apelación frente a una resolución dictada por el Juzgado de Primera Instancia n.º 7 de Barcelona, que había acordado la inadmisión de una demanda de juicio verbal por considerar incumplido el requisito de procedibilidad en materia de MASC, al no apreciarse una voluntad real de negociación previa por parte de la demandante.

La controversia se centra en determinar si el cumplimiento de dicho requisito puede condicionarse a la acreditación de una conformidad «íntima» favorable a la negociación, o a la exigencia de una conducta negociadora que implique acreditar una voluntad efectiva de negociación o la formulación de propuestas concretas.

La sección 14.ª de la Audiencia Provincial de Barcelona concluye que el requisito de procedibilidad se cumple mediante la formulación objetiva de una invitación a negociar, sin que sea exigible acreditar una voluntad interna favorable ni la inclusión de ofertas con contenido concesional, especialmente cuando la parte requerida no responde o guarda silencio. Exigir al actor una renuncia previa como condición de acceso a la jurisdicción supondría una restricción desproporcionada del derecho fundamental a la tutela judicial efectiva.

En consecuencia, el Auto estima el recurso de apelación, revoca la inadmisión de la demanda acordada en primera instancia y ordena su admisión a trámite.

5.7. AAP Navarra, a 29 de octubre de 2025 (ROJ: AAP NA 1472/2025)

ECLI:ES:APNA:2025:1472A
N.º de Resolución: 373/2025
Municipio: Pamplona / Iruña
Ponente: Fernando Ponce García
N.º Recurso: 1409/2025

Resumen: Medios adecuados de solución de controversias. MASC.

El Auto resuelve un recurso de apelación interpuesto frente al Auto del Juzgado de Primera Instancia e Instrucción n.º 3 de Tudela que había denegado el despacho de ejecución hipotecaria por falta de acreditación de MASC, aplicando los arts. 399.3, 264.4 y 403.2 de la LEC —propios de los procesos declarativos— a un procedimiento de ejecución del Libro III de la LEC. La Audiencia recuerda que el art. 5.3 de la LO 1/2025 excluye de forma expresa y categórica la exigencia de actividad negociadora previa en las demandas ejecutivas. Señala literalmente que *«no será preciso acudir a un medio adecuado de solución de controversias para la interposición de una demanda ejecutiva»*. La Sala concluye que el órgano de instancia aplicó indebidamente preceptos propios del juicio declarativo a un procedimiento ejecutivo, produciendo una interpretación incompatible con el régimen jurídico de la ejecución.

En consecuencia, se estima el recurso, se revoca la resolución recurrida y ordena que el Juzgado dicte resolución conforme a la petición de despacho de ejecución formulada por la entidad ejecutante. No se imponen costas en segunda instancia.

Este Auto constituye un criterio provincial relevante para la interpretación práctica del art. 5 LO 1/2025 desde la perspectiva de la procura, reforzando que el MASC no opera como requisito de procedibilidad en ejecución, lo que evita dilaciones indebidas y garantiza la regularidad del impulso procesal en los procedimientos de ejecución hipotecaria y ordinaria.

5.8. AAP Barcelona, a 21 de noviembre de 2025 (ROJ: AAP B 11090/2025)

ECLI:ES:APB:2025:11090A
N.º de Resolución: 289/2025
Municipio: Barcelona
Ponente: Juan Francisco Garnica Martin
N.º Recurso: 683/2025

Resumen: Validez del intento de negociación (MASC) mediante burofax no recogido como requisito para admitir una demanda. La Audiencia Provincial estima el recurso, revoca la decisión anterior y ordena admitir la demanda. El tribunal concluye que el envío del burofax fue válido y cumplió con el requisito legal de intentar una solución extrajudicial.

Esta resolución es relevante porque aclara dos aspectos fundamentales para el acceso a la justicia bajo la LO 1/2025 de Eficiencia Procesal:

La ficción de recepción por falta de diligencia (Doctrina de los actos propios). El tribunal aplica el principio de que la eficacia de una comunicación no puede depender de la voluntad del destinatario. Si el burofax se envió correctamente al domicilio y no fue entregado por causas imputables al demandado (como no haberlo recogido tras el aviso), se considera válidamente recibido.

En cuanto a los requisitos mínimos del contenido del MASC, el auto define qué constituye un intento válido de negociación: intención suficiente, basta con acreditar el «intento» de negociación; no se exige que la negociación llegue a producirse efectivamente si la otra parte no colabora; contenido mixto, Un simple requerimiento de pago no basta. Sin embargo, si el requerimiento es acompañado de una invitación explícita a negociar se cumple el requisito.

Criterio unificado: Se cita el acuerdo de los presidentes de las Secciones Civiles de Audiencia Provincial de Barcelona, que establece que no es necesario incluir propuestas concretas de solución en la invitación; es suficiente con manifestar la voluntad de negociar de buena fe.

5.9. Auto de 14 de noviembre de 2025 (Sección Civil e Instrucción del Tribunal de Instancia de Valencia de Alcántara, Cáceres)

RESUMEN: Se acuerda elevar Cuestión de Inconstitucionalidad al Tribunal Constitucional respecto a la exigencia del requisito MASC (arts. 5.1 y 5.2 LO 1/2025) para las acciones de modificación de medidas paternofiliales (guarda, custodia, alimentos, régimen relacional) que afectan a menores de edad. El Juez argumenta que este requisito puede vulnerar el derecho a la tutela judicial efectiva (art. 24 CE) y la protección del menor (art. 39 CE), dado que se exige la negociación en materias de derecho no absolutamente disponible que, incluso si se acuerdan, siempre requieren homologación judicial (art. 90 CC y 777 LEC).

El Auto de fecha 14 de noviembre de 2025, dictado por el Tribunal de Instancia de Valencia de Alcántara (Cáceres), marca un antes y un después en la interpretación del requisito de procedibilidad de los Medios Adecuados de Solución de Controversias (MASC) en el ámbito del Derecho de Familia. Así, y respecto a la aplicación automática del mandato contenido en los arts. 5.1[93]

---

y 5.2[94] de la LO 1/2025, el juzgador aprecia posibles vulneraciones del derecho de acceso a la jurisdicción y del principio de protección constitucional de las personas menores de edad, elevando la cuestión de inconstitucionalidad ante el Tribunal Constitucional. Se trata de un Auto técnicamente correcto, prudente en su forma, sólido, y principalmente, valiente en su efecto, ya que abre un camino jurisprudencial que, hasta ahora, ningún órgano había transitado con esta claridad y solidez argumentativa.

El caso trae causa de la inadmisión acordada por el LAJ al no acreditarse actividad negociadora previa en un procedimiento de modificación de medidas paternofiliales. La decisión se apoyaba en el art. 5.2 LO 1/2025 y en el art. 399.3 LEC[95], preceptos que, relacionados entre sí, convierten el MASC en requisito ineludible para la admisión de la demanda. Sin embargo, el juez advierte que las pretensiones planteadas, como la custodia, los alimentos y el régimen relacional, constituyen materias indisponibles sometidas a homologación judicial, según los arts. 90 Código Civil[96] y 777 LEC[97], incompatibles por naturaleza con una negociación obligatoria previa cuyo resultado, aun siendo consensuado, tendría necesariamente que ser supervisado por la autoridad judicial.

---

94 **Art. 5.2.** LO 1/2025 «*Se exigirá actividad negociadora previa a la vía jurisdiccional como requisito de procedibilidad en todos los procesos declarativos del libro II y en los procesos especiales del libro IV de la Ley 1/2000, de 7 de enero, de Enjuiciamiento Civil, con excepción de los que tengan por objeto las siguientes materias: a) la tutela judicial civil de derechos fundamentales; b) la adopción de las medidas previstas en el artículo 158 del Código Civil; c) la adopción de medidas judiciales de apoyo a las personas con discapacidad; d) la filiación, paternidad y maternidad; e) la tutela sumaria de la tenencia o de la posesión de una cosa o derecho por quien haya sido despojado de ellas o perturbado en su disfrute; f) la pretensión de que el tribunal resuelva, con carácter sumario, la demolición o derribo de obra, edificio, árbol, columna o cualquier otro objeto análogo en estado de ruina y que amenace causar daños a quien demande; g) el ingreso de menores con problemas de conducta en centros de protección específicos, la entrada en domicilios y restantes lugares para la ejecución forzosa de medidas de protección de menores o la restitución o retorno de menores en los supuestos de sustracción internacional; h) el juicio cambiario*».

95 **Art. 399.3** Ley 1/2000, de 7 de enero, de Enjuiciamiento Civil. «*La demanda y su contenido. 3. Los hechos se narrarán de forma ordenada y clara con objeto de facilitar su admisión o negación por el demandado al contestar. Con igual orden y claridad se expresarán los documentos, medios e instrumentos que se aporten en relación con los hechos que fundamenten las pretensiones y, finalmente, se formularán valoraciones o razonamientos sobre éstos, si parecen convenientes para el derecho del litigante. Así mismo, se hará constar en la demanda la descripción del proceso de negociación previo llevado a cabo o la imposibilidad del mismo, conforme a lo establecido en el ordinal 4.o del artículo 264, y se manifestarán, en su caso, los documentos que justifiquen que se ha acudido a un medio adecuado de solución de controversias, salvo en los supuestos exceptuados en la Ley de este requisito de procedibilidad*».

96 **Art. 90** Real Decreto de 24 de julio de 1889 por el que se publica el Código Civil «*El convenio regulador a que se refieren los artículos 81, 82, 83, 86 y 87 deberá contener, al menos y siempre que fueran aplicables…*».

97 **Art. 777** Ley 1/2000, de 7 de enero, de Enjuiciamiento Civil. «*Separación o divorcio solicitados de mutuo acuerdo o por uno de los cónyuges con el consentimiento del otro…*».

La resolución en estudio pone el énfasis en la posible contradicción interna de la LO 1/2025, ya que, mientras el art. 4 excluye del MASC las materias indisponibles, permitiéndolo solo para las medidas cautelares de los arts. 102[98] y 103 CC[99], el art. 5.2 LO 1/2025 impone la negociación previa para prácticamente todos los procesos civiles, sin exceptuar las medidas definitivas relativas a las personas menores de edad. Esa tensión normativa genera, según el juez, un escenario incompatible con la tutela judicial efectiva cuando el acceso a la jurisdicción queda supeditado a un trámite negociador que resulta, a la vez, obligatorio, inútil y potencialmente dilatorio para la protección de menores. El Auto se relaciona además con el criterio reciente de la Audiencia Provincial de Navarra[100], que ya había apelado a la doctrina constitucional sobre el principio *pro actione*, para evitar un formalismo excesivo en la interpretación del requisito MASC, incluso en divorcios sin hijos y sin masa patrimonial. Si aquella resolución advertía ya de los riesgos del automatismo en materias disponibles, lo que ahora indica la resolución judicial es que traslada el debate a un ámbito donde la intervención judicial es ineludible y donde la indisponibilidad de los derechos es un elemento estructural del ordenamiento jurídico.

En el Auto se destaca que la inadmisión fundada exclusivamente en la falta de MASC, cuando están en juego bienes jurídicos de ius cogens vinculados al interés superior de las personas menores de edad, trae como consecuencia, un riesgo evidente de vulneración de los arts. 24[101] y 39[102] de la Constitución. Ello, justifica jurídicamente, la elevación de la Cuestión de Inconstitucionalidad para que el Tribunal Constitucional se pronuncie sobre la compatibilidad del nuevo marco normativo en relación con las garantías fundamentales. A juicio del órgano remitente, el problema surge de la pretensión del legislador de cerrar mediante un numerus clausus la lista de excepciones del art. 5.2 de la LO 1/2025, cuando la propia naturaleza de las materias de Derecho de

---

98 **Art. 102** del Código Civil. «*Admitida la demanda de nulidad, separación o divorcio, se producen, por ministerio de la Ley, los efectos siguientes...*».

99 **Art. 103** del Código Civil «*Admitida la demanda, el Juez, a falta de acuerdo de ambos cónyuges aprobado judicialmente, adoptará, con audiencia de éstos, las medidas siguientes...*».

100 AAP Navarra, Sec. 3.a, Auto 335/2025, 3 oct. 2025, ECLI:ES:APNA:2025:1353.

101 **Art. 24** Constitución Española. «*1. Todas las personas tienen derecho a obtener la tutela efectiva de los jueces y tribunales en el ejercicio de sus derechos e intereses legítimos, sin que, en ningún caso, pueda producirse indefensión...*».

102 **Art. 39 CE** «*1. Los poderes públicos aseguran la protección social, económica y jurídica de la familia. 2. Los poderes públicos aseguran, asimismo, la protección integral de los hijos, iguales éstos ante la ley con independencia de su filiación, y de las madres, cualquiera que sea su estado civil. La ley posibilitará la investigación de la paternidad. 3. Los padres deben prestar asistencia de todo orden a los hijos habidos dentro o fuera del matrimonio, durante su minoría de edad y en los demás casos en que legalmente proceda. 4. Los niños gozarán de la protección prevista en los acuerdos internacionales que velan por sus derechos*».

Familia exige un análisis casuístico y flexible que permita preservar los derechos de las partes sin pasar por alto la función jurisdiccional.

La resolución no solo cuestiona la estructura legal de la LO 1/2025 en materia de MASC, sino que abre un debate institucional sobre los límites de la negociación obligatoria en el Derecho de Familia. El Auto en análisis deja en evidencia que la eficiencia procesal que se persigue con la LO 1/2025 no puede prevalecer sobre el acceso efectivo a la justicia ni sobre la protección de los derechos fundamentales de las personas menores de edad, y desde ya, anticipa la necesidad de una revisión legislativa o jurisprudencial que armonice, en cierto modo, la finalidad de la ley con las exigencias materiales del Derecho de Familia.

El Tribunal Constitucional tendrá ahora la posibilidad de abrir camino y dar luz donde de momento no la hay; la senda ya ha quedado trazada. El MASC no puede convertirse en un obstáculo o en un impedimento que vulnere los principios consagrados en la carta fundamental como es la tutela judicial efectiva y la seguridad jurídica, y más aún cuando el interés superior del menor de edad, como principio rector en el Derecho de Familia, está en juego.

5.10. AAP Navarra, a 23 de diciembre de 2025 (ROJ: AAP NA 1802/2025)

ECLI:ES:APNA:2025:1802A
N.º de Resolución: 441/2025
Municipio: Pamplona / Iruña
Ponente: Amagoia Serrano Barrientos
N.º Recurso: 1860/2025

Resumen: Medios adecuados de solución de controversias (MASC).

El auto resuelve un recurso de apelación interpuesto contra la inadmisión de una demanda, fundamentada en la incorrecta acreditación del cumplimiento del requisito de procedibilidad MASC. El tribunal de instancia consideró que la oferta vinculante aportada, aun siendo confidencial, no acreditaba que se refiriera al objeto concreto de la controversia: «*En el presente supuesto el documento n.º 6 aportado con la demanda no cumple los requisitos establecidos en los artículos 17 y 9.1 de la ley 1/2025 ya que si bien el contenido de la oferta vinculante es confidencial, en dicho documento no consta que la indicada oferta se refiera al objeto de la controversia objeto de los presentes autos*».

La parte actora alegó el cumplimiento de lo dispuesto en el art. 399.3 párrafo segundo de la LEC en relación con los arts. 264.4 y 5, 9 y 10.2 de la LO 1/2025, de 2 de enero. Asimismo, alegó vulneración del art. 231 de la LEC al no haberle permitido subsanar.

La Audiencia Provincial desestima el recurso, confirmando la inadmisión, al declarar que el intento de MASC debe guardar una conexión material identificable con el objeto del proceso, y que la falta de dicha correspondencia determina la inadmisibilidad insubsanable de la demanda, dado que este requisito es un presupuesto de procedibilidad.

ANEXOS

NORMATIVA, MODELOS Y FORMULARIOS

- **A.** Normativa de interés para la procura: referencias a la LO 1/2025.
- **B.** Modelos de escritos procesales de carácter orientativos (LO 1/2025).
- **C.** Esquemas visuales.
- **C.1.** Juicio Verbal; **C.2.** Juicio Ordinario; **C.3.** Tramitación del recurso de apelación civil; **C.4.** Tramitación y formato del Recurso de Casación Civil (RDL 5/2023).
- **D.** Glosario jurídico de interés para procuradores.
- **E.** Plazos de interés para los procuradores, conforme a la LO 1/2025.
- **F.** Organización de la Planta Judicial a nivel estatal y Directorios de Sedes.
- **G.** Informe sobre la situación de los órganos judiciales.
- **H.** Unificación de criterios.
- **I.** Herramientas prácticas para la búsqueda de jurisprudencia de interés.

Resumen: Los anexos recogen normativa vigente, junto con modelos y formularios adaptados al trabajo del procurador bajo la LO 1/2025, con especial atención a la organización de los Tribunales de Instancia, los MASC y los principales plazos y criterios de actuación. Ofrece herramientas para su uso en la práctica diaria de la Procura, facilitando la tramitación y la aplicación eficiente en los escritos procesales.

Palabras clave: Procura, LO 1/2025, Tribunal de Instancia, Oficina Judicial, MASC, formularios, escritos, organización judicial, plazos procesales tramitación, práctica profesional.

A. Normativa de interés para la procura: referencias a la LO 1/2025[103]

Artículo	Modificación
Art. 543.2 LOPJ	Reconocimiento del procurador como agente de ejecución para actuaciones materiales delegadas por el Tribunal, excluyendo ejecuciones hipotecarias de vivienda habitual, asuntos de familia, desahucios por impago de rentas en viviendas habituales, y lanzamientos posteriores a la subasta de vivienda habitual.
Art. 23.4 y 23.5 LEC	Refuerzo de la función pública del procurador al atribuirle capacidad de certificación y credenciales para actos procesales de comunicación y actividades materiales propias de la ejecución que le sean delegadas, que serán impugnables.
Art. 539 LEC	Delegación de actuaciones materiales de ejecución en el procurador a petición y a costa de la parte que represente.
Art. 551.2.6.° LEC	El auto que despacha ejecución deberá incluir las actuaciones materiales delegadas al procurador.
Art. 622.1 LEC	El letrado de la Administración de Justicia puede acordar que la orden de retención de intereses, rentas o frutos sea diligenciada por el procurador.
Art. 623.4 LEC	Las comunicaciones sobre embargo de valores e instrumentos financieros pueden ser realizadas por el procurador.
Art. 629.1 LEC	El Letrado de la Administración de Justicia puede autorizar al procurador para diligenciar el mandamiento de anotación preventiva de embargo.
Art. 645.1 LEC	El letrado de la Administración de Justicia autorizará al procurador del ejecutante a llevar a efecto el anuncio de la subasta en el BOE.
Art. 656.4 LEC	La certificación registral puede ser entregada o remitida al procurador que hubiera cuidado de su diligenciado.
Art. 657.1 LEC	Si los oficios a acreedores preferentes no tienen dirección electrónica habilitada, se entregarán al procurador del ejecutante para su cumplimiento.
Art. 705 LEC	El letrado de la Administración de Justicia puede delegar en el procurador la práctica del requerimiento de hacer al deudor.
Art. 707 LEC	El letrado de la Administración de Justicia puede delegar en el procurador la práctica del requerimiento para la publicación de la sentencia en medios de comunicación.
Art. 709.3 LEC	El letrado de la Administración de Justicia puede acordar que los requerimientos de multas mensuales sean realizados por el procurador.

---

[103] Il·lustre Col·legi de Procuradors de Barcelona. (2025). *Annex avís 6: Nota sobre la LO 1/2025, de 2 de enero, de medidas en materia de eficiencia del Servicio Público de Justicia*. Barcelona: ICPB. Disponible en: https://newsletter.icpb.es/uploads/Annex-avís-6-Nota-LO-1-2025.pdf

Art. 710.1 LEC	El letrado de la Administración de Justicia puede acordar que las resoluciones para deshacer lo mal hecho o para que se abstenga de reiterar el quebrantamiento sean notificadas por el procurador.
Disposición Adicional Undécima LO 1/2025	El Ministerio de Justicia aprobará un formulario de consentimiento informado para las funciones atribuidas a los procuradores.
Art. 636 LEC	Prioriza la subasta judicial a falta de convenio de realización, modificando la prelación anterior.
Art. 640 LEC	La venta por entidad especializada requiere mutuo acuerdo de las partes y cumplimiento de la normativa de comercio minorista.
Art. 26 LEC	Aceptación del poder y deberes del procurador.
Art. 25.1 LEC	Los procuradores de litigantes con asistencia jurídica gratuita pueden realizar válidamente actos procesales en nombre de su representado.
Art. 31.2.3.º LEC	Los escritos para acreditar el cumplimiento de actividades materiales de ejecución delegadas a procuradores no exigen intervención de abogado.
Art. 32.5 LEC	Inclusión de la cuenta del procurador y minuta del abogado en costas para consumidores que opten por profesionales tras reclamación extrajudicial, aunque su intervención no sea preceptiva.
Art. 155.1 LEC	Para comunicaciones no telemáticas, se introduce un segundo intento de comunicación domiciliaria si la primera electrónica es infructuosa.
Art. 163 LEC	Los Servicios Comunes Procesales de Actos de Comunicación practicarán los actos salvo cuando corresponda realizarlos al procurador y con los límites previstos en la ley.
Art. 273.4 LEC	Los escritos telemáticos deben indicar tipo y número de expediente y contar con índice electrónico.
Art. 394 LEC	Cuando el beneficiado en costas tenga asistencia jurídica gratuita, estas deben ser abonadas a los profesionales designados, quienes devolverán las cantidades eventualmente percibidas con cargo a fondos públicos. Se aumenta el importe de las pretensiones inestimables a 24.000 euros.
Art. 399.1 LEC	La demanda debe consignar teléfono y correo electrónico para contacto, especialmente si las partes están obligadas a relacionarse electrónicamente.
Art. 15.2 LO 1/2025	Reconocimiento del procurador como conciliador en el marco de los medios adecuados de solución de controversias.
Art. 787 LECrim	La acusación particular o popular podrá ser representada en juicio por procurador, salvo en el caso de que proceda practicar la declaración de estos.
Art. 434 ter.3 LOPJ	Incorpora al Consejo General de Procuradores de los Tribunales de España en la Comisión Estatal para la Calidad del Servicio Público de Justicia
Disposición final Trigésima Segunda LO 1/2025	El Gobierno adaptará el Estatuto General de los Procuradores a la nueva norma en el plazo de un año.

Art. 69.3 RDL 6/2023	El Registro de Datos de contacto electrónico dispondrá un sistema para la constancia de incapacidades para el ejercicio de la Abogacía, la Procura o la profesión de Graduado Social.
Art. 72.1 RDL 6/2023	Los registros electrónicos se regirán por la fecha y hora oficial de la sede judicial electrónica.
Disposición adicional sexta RDL 6/2023	Se refuerza la obligatoriedad de las guías de interoperabilidad y seguridad aprobadas por el Comité Técnico Estatal de la Administración Judicial Electrónica.
Arts. 26, 84 y ss. 95, 96, 167 y 436 LOPJ	Transformación de juzgados unipersonales en Tribunales de Instancia colegiados, con secciones especializadas y estructura asistida por la oficina judicial.
Arts. 439 ter y 439 quater LOPJ	Creación de las Oficinas de Justicia en los municipios para la prestación de servicios a la ciudadanía.
Art. 2 LO 1/2025	Se exige como requisito de procedibilidad acudir a un medio adecuado de solución de controversias en el orden jurisdiccional civil.
Art. 3.1 LO 1/2025	El requisito de procedibilidad de los MASC es exigible para conflictos nacionales y transfronterizos.
Arts. 264.4 y 403.2 LEC	La demanda debe ir acompañada de un documento que acredite el intento de negociación, bajo riesgo de inadmisión.
Art. 3.2 LO 1/2025	Se excluyen del requisito de procedibilidad las materias laboral, penal, concursal y los asuntos donde una parte sea una entidad perteneciente al sector público.
Art. 5.1 LO 1/2025	Requisito de procedibilidad en el orden jurisdiccional civil.
Art. 439.5 LEC	En reclamaciones de cláusulas abusivas, se exige una reclamación previa extrajudicial como requisito de procedibilidad.
Disposición Adicional Séptima LO 1/2025	El requisito de procedibilidad en litigios de consumo se cumple con la resolución de reclamaciones ante organismos financieros.
Arts. 19.1 y 19.3 LEC	Limitación de los actos de disposición de los litigantes en recursos de casación una vez señalado día para deliberación, votación y fallo.
Art. 22.2 LEC	En la satisfacción extraprocesal, la subsistencia de interés legítimo negando motivadamente que se haya dado satisfacción a sus pretensiones imponiéndose las costas de estas actuaciones a quien viere rechazada su pretensión.
Art. 47 LEC	Ampliación de las competencias de los jueces de paz.
Arts. 247.3 y 247.4 LEC	Introducción del concepto de abuso del servicio público de justicia como criterio para la imposición de costas y multas, y comunicación a los colegios profesionales.
Arts. 438.8, 438.9 y 438.10 LEC	En el juicio verbal, proposición e impugnación de prueba y alegaciones sobre excepciones procesales por escrito, con posibilidad de no celebrar vista.
Disposición adicional decimoquinta LOPJ	Depósito para recurrir.
Arts. 210.3 y 210.4 LEC	Posibilidad de dictar sentencias orales, excepto en procedimientos sin intervención de abogado.
Art. 447.2 LEC	Se clarifica que los pronunciamientos de la sentencia en acciones acumuladas al desahucio producirán efectos de cosa juzgada.

Art. 517.2 LEC	Se incluyen como títulos ejecutivos los acuerdos de MASC elevados a escritura pública.
Art. 31.2.3.º LEC	No se precisa la intervención de abogado en escritos que acrediten el cumplimiento de actividades materiales de ejecución delegadas a procuradores.
Modificaciones de la subasta judicial electrónica	Agilización de la tramitación, reducción de plazos y participación del ejecutante como licitador.

B. Modelos de escritos procesales de carácter orientativos (LO 1/2025)[104]

MODELO DE INVITACIÓN A MASC
(Inicio del proceso de negociación previa (arts. 5 y 10 LO 1/2025 – arts. 399.3 y 264.4 LEC)

Lugar y fecha:

- (Ciudad), (día) de (mes) de (año)

Destinatario:

- D./D.ª (Nombre del destinatario)

- (Dirección completa)

- (CP, localidad, provincia)

Asunto: Invitación formal a negociación previa – Requisito de procedibilidad (LO 1/2025)– Art. (citar norma o contrato si aplica)

Referencia: (Indicar número de factura, contrato, etc., si procede)

Muy Sr./Sra. mío/a:

D./D.ª _____, Procurador/a de los Tribunales, en nombre y representación de mi mandante, D./D.ª _____, con domicilio en _____, y provisto/a de DNI/NIE núm. ….., por medio del presente le formulo invitación formal a iniciar una actividad negociadora previa, de conformidad con los arts. 5 y 10 de la Ley Orgánica 1/2025 con la finalidad de intentar una solución extrajudicial al conflicto que nos ocupa / cumplimiento de las obligaciones pendientes que mantiene con mi representado/a, conforme a los antecedentes de hecho que se exponen a continuación.

(Antecedentes, identificación del objeto de la controversia)

En fecha _/_/_, ambas partes suscribieron *(contrato, acuerdo, prestación de servicios, etc.)* Mi representado/a ha cumplido con todas las obligaciones contractuales o legales derivadas de dicha relación, como consta en la documentación que obra en nuestro poder. No obstante, usted mantiene en la actualidad una situación de incumplimiento consistente en _____ *(describir brevemente impago, entrega defectuosa, incumplimiento de plazos, etc.).* El importe asciende a _ por los conceptos descritos.

(Reclamación)

---

104 **Formulario de carácter orientativo**, que deberán adaptarse a las circunstancias concretas de cada caso.

En virtud de lo expuesto, se le requiere el cumplimiento íntegro de la obligación pendiente concretamente, _____ en concepto de _ en el plazo improrrogable de _ días hábiles a contar desde la recepción del presente requerimiento.

(Propuesta de solución negociada)

En cumplimiento del principio de buena fe y del deber de recurrir a medios adecuados de solución de controversias (MASC) establecido por la LO 1/2025, de 2 de enero, se le invita expresamente a iniciar un proceso de negociación amistosa, pudiendo optar por .... *(lo que corresponda).*

Negociación directa entre las partes con o sin asistencia letrada.

Mediación extrajudicial.

Conciliación.

Derecho colaborativo.

A tal efecto, le instamos a responder en el plazo de _ días naturales, manifestando su voluntad de iniciar el proceso negociador o, en su caso, proponer una vía concreta de solución, indicando fecha, modalidad o profesionales intervinientes.

(Advertencia Legal)

De no recibir contestación en el plazo indicado o en caso de negativa injustificada a participar, nos veremos en la obligación de acudir a la vía judicial correspondiente, será considerada actividad negociadora frustrada a los efectos del art. 5 de la LO 1/2025, habilitando a esta parte a ejercitar todas las acciones legales que procedan en defensa de los intereses de mi representado/a, con expresa reserva de reclamar las costas procesales, intereses y demás perjuicios derivados del incumplimiento.

Sin otro particular, quedo a su disposición para una solución pactada que evite mayores costes y dilaciones.

Atentamente,

(Firma)

D./D.ª (nombre y apellidos)

Procurador/a de los Tribunales

MODELO DE CUMPLIMIENTO DEL REQUISITO DE PROCEDIBILIDAD DEMANDA

AL TRIBUNAL DE INSTANCIA DEL PARTIDO JUDICIAL DE [LOCALIDAD] Sección que por turno corresponda

D./D.ª _____ Procurador/a de los Tribunales, en nombre y representación de D./D.ª _____ con domicilio en _____ según acredito mediante poder que se acompaña como documento n.º _, y bajo la dirección letrada de D/D.ª _____ colegiado/a n.º_ ante el Juzgado comparezco y DIGO:

Que, mediante el presente escrito, formulo demanda de juicio _____, frente a D./D.ª ...., con domicilio en ..., con base en los siguientes HECHOS:

Primero. En fecha _/_/_, mi representado/a y el demandado formalizaron _____ (relación jurídica), conforme a lo pactado en (contrato/factura/presupuesto aceptado, etc.), sin que hasta la fecha la parte demandada haya cumplido lo pactado pese a los reiterados requerimientos realizados.

Segundo. A fin de resolver la controversia sin necesidad de acudir a la vía judicial, mi representado/a promovió una actividad negociadora previa mediante el envío de _____ *(indicar: burofax, correo certificado, correo electrónico certificado, acta de mediación, solicitud de conciliación, etc.).*

Tercero. La iniciativa resultó infructuosa _____ *(o supuesto que corresponda)* al _____ *(especificar según el caso: no obtener respuesta, negarse a negociar, finalización sin avenencia, etc.)*

CUMPLIMIENTO DEL REQUISITO DE PROCEDIBILIDAD (art. 5.1 LO 1/2025, arts. 399.3 y 403.2 LEC).

En cumplimiento de lo dispuesto en el artículo 403.2 de la Ley de Enjuiciamiento Civil, modificado por la Ley Orgánica 1/2025, se acredita el intento previo de solución extrajudicial del conflicto mediante un medio adecuado de solución de controversias (MASC), requisito exigido como condición de admisibilidad de la demanda.

Se acompaña al efecto, como documento n.º _ el justificante acreditativo del MASC intentado, por lo que se entiende cumplido el requisito de procedibilidad legalmente exigido *(a indicar según supuesto):*

Negociación frustrada (arts. 10.1, 10.2 y ss. LO 1/2025).

Intento de negociación con acreditación de la recepción de la propuesta (art. 10.2 LO 1/2025).

Intento de negociación sin acreditación fehaciente de recepción por negativa a recoger burofax (art. 10.2 LO 1/2025).

Intento de negociación sin acreditación fehaciente mediante comunicación electrónica (art. 10.2 LO 1/2025, art. 25 Ley 34/2002 de 11 de julio, de servicios de la sociedad de la información y comercio electrónico y apartado 36 del art. 3 del Reglamento 910/2014 del Parlamento Europeo y del Consejo, de 23 de julio de 2014).

Oferta vinculante rechazada expresa o tácitamente (art. 17.3 LO 1/2025).

Oferta vinculante no recogida (art. 10.2 LO 1/2025).

Acta Final de mediación sin acuerdo.

Acta de conciliación sin avenencia.

FUNDAMENTOS DE DERECHO

I. Jurisdicción y competencia: corresponde al Tribunal de Instancia del partido judicial de _____ a la sección que por razón de la materia corresponda y por el domicilio del demandado (art. 45 y ss. LEC).

II. Legitimación: activa y pasiva acreditadas conforme a la documentación aportada.

III. Fondo del asunto: artículos *(norma aplicable).*

IV. Procedimiento aplicable: *(según corresponda)*

V. Requisito de procedibilidad: (art. 5.1 LO 1/2025, arts. 399.3 y 403.2 LEC), cumplido mediante intento documentado de MASC aportado como documento n.º _

INDICE DOCUMENTAL

Documento n.º _ Poder para pleitos del procurador/a.

Documento n.º _ De conformidad con el artículo 264.4 LEC, aporto acreditación del MASC .... *(lo que corresponda según supuesto).*

Documento n.º_ (otros documentos).

SUPLICO AL TRIBUNAL: Que, teniendo por presentado este escrito y documentos adjuntos, se sirva admitirlo, y en su virtud:

Se tenga por interpuesta DEMANDA DE JUICIO _____ contra D./D.ª _____

Se tenga por acreditado el cumplimiento del requisito de procedibilidad previsto en el art. 5.1 LO 1/2025, 399.3 y 403.2 LEC.

Se dicte sentencia estimando íntegramente la demanda, condenando a la parte demandada a _____ y al pago de las costas.

OTROSÍ DIGO, Que esta parte manifiesta su voluntad de mantener abiertas las vías de solución extrajudicial durante la tramitación del presente procedimiento, en aras de una solución eficiente y satisfactoria para ambas partes.

SUPLICO AL TRIBUNAL DE INSTANCIA, que así lo tenga por manifestado.

Es justicia que pido en (ciudad), a (fecha).

Fdo.: Letrado/a   Fdo.: Procurador/a

DECLARACIÓN RESPONSABLE DE IMPOSIBILIDAD DE ACUDIR A MASC (art. 264.4 LEC) a los efectos de cumplir con el requisito de procedibilidad LO 1/2025

D./D.ª _____con DNI/NIE N.º_____y domicilio en _____

DECLARA BAJO SU REPONSABILIDAD:

Primero. Que es parte actora en la demanda que se formula contra D./D.ª _____, cuya interposición exige acreditar, de conformidad con la LO 1/2025 la realización de un intento de negociación previa (MASC).

Segundo. Que, de conformidad con lo dispuesto en el art. 264.4 LEC, declara bajo su exclusiva responsabilidad que le ha resultado imposible llevar a cabo cualquier actividad negociadora con la parte demandada, por concurrir las siguientes circunstancias: _____ (*por desconocerse el domicilio actual, paradero o cualquier medio por el cual pueda ser requerida*).

Tercero. Que se han realizado distintas diligencias razonables y agotado los medios a su alcance para intentar localizarlo/a, consistentes en: _____
_____

Por lo anterior, no ha sido posible la realización de un MASC con carácter previo a la interposición de la demanda como requisito de procedibilidad del art. 5 de la LO 1/2025.

Cuarto. Que, en consecuencia, y de conformidad con el art. 264.4 LEC, se efectúa esta declaración responsable para acreditar la imposibilidad del MASC como requisito de procedibilidad.

Y para que así conste a los efectos oportunos, firma la presente declaración responsable, que se acompañará a la demanda.

En _____, a_, de _____ de 20_

Firma

D./D.ª _____

SOLICITUD HOMOLOGACIÓN ACUERDO (art. 19 LEC)

TIPO DE PROCEDIMIENTO:

AUTOS:

AL TRIBUNAL DE INSTANCIA

DEL PARTIDO JUDICIAL DE (LOCALIDAD)

D./D.ª _____ Procurador/a de los Tribunales, en nombre y representación de D./D.ª _____, y D./D.ª _____ Procurador/a de los Tribunales, en nombre y representación de D./D.ª _____, según consta acreditado en el procedimiento de referencia, como mejor proceda en derecho, DICEN:

Que, por medio del presente ESCRITO CONJUNTO, manifiestan que se ha alcanzado un acuerdo entre las partes que pone fin al proceso, y solicitan la homologación del acuerdo extrajudicial suscrito, por el que se pone fin a la controversia, estableciendo las siguientes estipulaciones: *(o aportado como documento único).*

PRIMERO. -

SEGUNDO. -

TERCERO. -

De conformidad con lo anterior, solicitan se dicte auto que acuerde la homologación del presente acuerdo, y su posterior archivo.

En su virtud,

AL TRIBUNAL SUPLICAN, Que tenga por presentado este escrito, y en sus méritos, se acuerde la homologación del acuerdo en los términos indicados en este escrito y se proceda al archivo del procedimiento.

En _____, a _ de _____ de _

FIRMA ABOGADO   FIRMA PROCURADOR

HOJA DE ENCARGO PROFESIONAL[105]

En _____, a_, de _____ de 20_

REUNIDOS

De una parte, D./D.ª _____, en adelante el CLIENTE, con DNI _____, y domicilio en _____, teléfono _____ y correo electrónico _____

Y de otra, D./D.ª _____ Procurador/a de los Tribunales del Ilustre Colegio de Procuradores de _____ número de colegiado_____ con DNI _____, y domicilio en _____, teléfono _____ y correo electrónico _____ EXPONEN:

Que las partes se reconocen mutuamente la capacidad legal suficiente para otorgar esta hoja de encargo profesional y acuerdan suscribir el presente contrato, que se regirá por las siguientes, CLÁUSULAS:

ÁMBITO DE ACTUACIÓN / PROCEDIMIENTO

CIVIL	
CONTENCIOSO / ADMINISTRATIVO	
INSTRUCCIÓN / PENAL	
OTROS	

PRESUPUESTO

Concepto /trámites	Importe
Reducción sobre el arancel máximo	
TOTAL, bruto	
IVA 21 %	
IRPF 15 %	
TOTAL, neto	
FORMA DE PAGO: IBAN / BENEFICIARIO	

---

105   Ilustre Colegio de Procuradores de Barcelona. (s. f.). *Hoja de encargo profesional.* Documento ICPB

CONDICIONES PARTICULARES

1. Objeto

Corresponde en exclusiva al PROCURADOR la representación del CLIENTE en las actuaciones y procesos establecidos en esta hoja de encargo.

Las tareas profesionales del PROCURADOR que son objeto de esta hoja de encargo se llevarán a cabo en régimen de arrendamiento de servicios y de acuerdo con el Código Deontológico de los Procuradores de los Tribunales, aprobado por el Consejo General de Procuradores de España.

Se incluirán dentro de estas tareas profesionales las consultas y las reuniones con el CLIENTE y/o con terceros relacionadas con el asunto encargado, así como todas y cada una de las actuaciones judiciales y extrajudiciales necesarias para la ejecución de los servicios encargados.

2. Provisión de fondos

El PROCURADOR tiene derecho a solicitar y percibir las cantidades en concepto de provisión por anticipado de los anticipos y/o derechos que figuran indicados en la presente hoja de encargo.

En todo caso se entenderá que el CLIENTE acepta el presupuesto cuando proceda al abono de la provisión de fondos, momento en que el PROCURADOR iniciará las gestiones objeto del encargo.

En el caso de no recibir la provisión de fondos solicitada, el PROCURADOR podrá hacer uso de los procedimientos establecidos en las normas procesales o renunciar a encargarse del asunto, sin que esto comporte ningún perjuicio para el cliente, que podrá obtener los servicios de otro procurador.

Una vez aceptado el encargo, el PROCURADOR podrá requerir de pago al CLIENTE en caso de incumplimiento de cualquiera de los pagos parciales o plazos establecidos. Si, una vez requerido, el CLIENTE no cumpliera con sus obligaciones, el PROCURADOR podrá dar por resuelto el encargo, con derecho a reclamar las cantidades impagadas y los daños y perjuicios derivados de este incumplimiento.

El impago de cualquier factura generará desde su vencimiento, el tipo de interés de demora legalmente establecido.

En todo caso, el PROCURADOR podrá reclamar judicialmente la provisión de fondos o los derechos ya devengados al tiempo del cese.

3. Derechos profesionales a percibir. Tasas y depósitos. Presupuesto. Condiciones de pago

El precio estipulado en la presente hoja de encargo obedece a los trámites indicados. Cualquier otro trámite no contemplado requerirá la autorización del CLIENTE con carácter previo y por escrito. En caso contrario, no podrá ser facturado.

En cualquier caso, el PROCURADOR tendrá derecho a percibir los derechos que le correspondan por su actividad profesional de acuerdo con las disposiciones vigentes reguladoras del arancel.

Los aranceles y disposiciones reguladoras son los establecidos en el Real Decreto 1373/2003, de 7 de noviembre, por el que se aprueba el arancel de derechos de los procuradores de los tribunales (modificado por el Real Decreto 307/2022), que se pueden consultar en: https://www.boe.es/buscar/act.php?id=BOE-A-2003-21104.

En cuanto a las tasas o depósitos que se tengan que atender para el desarrollo del objeto del encargo, siempre serán a cargo del CLIENTE, que tendrá que atender su pago dentro del plazo que le comunique el PROCURADOR.

A la vista del carácter necesario de los pagos indicados para la continuación de la tramitación del procedimiento, en el supuesto de que el CLIENTE no atienda este tipo de pagos en el plazo indicado, se eximirá al PROCURADOR de cualquier responsabilidad derivada de la no continuidad de la tramitación del encargo.

Se excluirá del precio estipulado cualquier honorario de cualquier otro profesional que tenga que intervenir en el procedimiento.

El PROCURADOR podrá recomendar servicios de otros profesionales, pero siempre corresponderá su elección al CLIENTE. Si el PROCURADOR adelantara (o supliera) el pago de éstos, el CLIENTE deberá proceder a su reintegro en los 7 días siguientes, una vez se le haya acreditado el pago.

En cuanto a los gastos de desplazamiento del PROCURADOR derivados de la ejecución del encargo profesional, se computarán a razón de_____ € / Km., si este utiliza su vehículo, o por el coste efectivo del servicio, en caso de utilizar otro medio de transporte.

En cuanto a los gastos por realización de fotocopias efectuadas por el despacho profesional del PROCURADOR se cobrarán a razón de 0,16 euros (16 céntimos de euro) cada una, tal como determinan los aranceles.

4. Relaciones con el cliente

Mediante este encargo profesional, el PROCURADOR solo asume por mandato de su CLIENTE el asunto detallado en esta hoja. Cualquier otro encargo profesional se establecerá, si se tercia, mediante la correspondiente hoja de encargo.

El PROCURADOR debe asesorar el CLIENTE en todo aquello que afecte al asunto encargado y entre dentro de su ámbito de actividad profesional, ofreciendo su conocimiento y experiencia, y debe actuar con el cuidado y la diligencia necesaria para realizar los trabajos que se le encarguen. El PROCURADOR queda obligado a informar el CLIENTE del curso de las actuaciones con un lenguaje comprensible.

Los firmantes acuerdan que el correo electrónico será el medio de comunicación preferente para el desarrollo del encargo, conociendo y asumiendo el CLIENTE, bajo su responsabilidad, que el correo electrónico puede presentar fallos o vulnerabilidades, sin perjuicio de la posibilidad de utilizar otros medios.

En cualquier caso, no se recomienda el uso de aplicaciones de mensajería instantánea para comunicaciones con el PROCURADOR porque la confidencialidad se puede ver comprometida. El uso de éstas por parte del CLIENTE será bajo su propia y exclusiva responsabilidad.

El CLIENTE señala como dirección de comunicación electrónica la detallada en el inicio de esta hoja.

El CLIENTE se compromete a notificar al PROCURADOR cualquier cambio de sus datos durante la vigencia de este contrato.

5. Finalización del encargo

El contrato finalizará después del cumplimiento de los servicios encargados. Sin embargo, el CLIENTE tendrá, en cualquier momento, el derecho a desistir de este contrato, para lo cual tendrá que comunicarlo al PROCURADOR.

El PROCURADOR comunicará esta finalización contractual al órgano judicial en el plazo de las 48 horas siguientes, devolviéndole cualquier documentación original de la que disponga al CLIENTE o, en persona, a quien éste delegue previa autorización por escrito.

Por su parte, el CLIENTE se compromete a efectuar el pago de los derechos y gastos derivados de su gestión.

En todo caso, el PROCURADOR tendrá plena libertad, en todo momento, para aceptar o rehusar la representación procesal del CLIENTE en el asunto objeto de encargo sin necesidad de justificar su decisión. Esta acción la podrá llevar a cabo en cualquier fase del procedimiento. En caso de que el PROCURADOR cese en la representación, restará obligado a entregar al CLIENTE toda la documentación que tenga en relación con el asunto. En ningún caso se podrá retener, ni en el caso de tener pendiente de cobro cantidades en concepto de anticipos y/o derechos.

6. Limitación de responsabilidad

Sin perjuicio de la responsabilidad por dolo y de la cobertura que, en su caso, sea procedente por la correspondiente póliza de responsabilidad civil profesional del PROCURADOR, la responsabilidad derivada de sus actuaciones profesionales incorporadas en este encargo que, si procede, le pueda ser exigidas, se limita a la suma total de _____ €.

7. Mediación

Para la resolución de cualquier controversia derivada de la interpretación o aplicación de este encargo, las partes se comprometen a intentar la mediación ante el servicio de Mediación del Colegio de Procuradores de los Tribunales de _____.

8. Informaciones específicas

El CLIENTE se da por informado y asume que:

La desestimación de sus pretensiones procesales comporta el pago de los derechos y gastos del PROCURADOR y que, en caso de que el tribunal acuerde la imposición de su condena en costas, tendrá que abonar las costas a la parte contraria.

En caso de condena en costas a la parte contraria, el CLIENTE tiene derecho a su percepción, sin perjuicio de quedar obligado frente al PROCURADOR a satisfacerle sus derechos y los gastos correspondientes. En este caso, no será de aplicación la reducción del arancel máximo que se haya pactado en el presupuesto, puesto que este exceso será a cargo de la parte contraria.

El PROCURADOR se encuentra sujeto a las normas sobre prevención de blanqueo de capitales y financiación del terrorismo establecidas en la Ley 10/2010 y que el encargo encomendado está o puede estar fuera del ámbito del secreto profesional y, por lo tanto, en caso de que las autoridades financieras requieran información sobre los datos obtenidos del cliente o del encargo efectuado, quedará obligado a facilitarla.

El PROCURADOR podrá delegar, a su criterio, todas o parte de las tareas del presente encargo profesional en los Oficiales habilitados y colaboradores de su despacho profesional.

9. Protección de datos personales

INFORMACIÓN BÁSICA SOBRE EL TRATAMIENTO DE DATOS DE CARÁCTER PERSONAL[106]	
RESPONSABLE DEL TRATAMIENTO	
FINALIDAD	Prestación de los servicios contratados.
LEGITIMACIÓN	Ejecución de contrato.

---

106 Cláusula de carácter orientativo, sujeta a adaptación en su contenido y alcance, de conformidad con el sistema de protección de datos implementado y en vigor en cada organización.

DERECHOS DE LOS INTERESADOS	La persona interesada puede ejercer los derechos contenidos en los artículos 15 a 22 del Reglamento General de Protección de Datos (UE) 2016/679.
	https://eur-lex.europa.eu/legal-content/ES/TXT/?uri=CELEX:32016R0679
	Asimismo, tiene la posibilidad de presentar una reclamación ante la AEPD en caso de que considere que su petición no ha sido atendida debidamente (https://www.aepd.es).
INFORMACIÓN ADICIONAL	Puede solicitar información detallada sobre el tratamiento de sus datos de carácter personal enviando su solicitud a: _____
	o enviando un correo electrónico a: _____

Como muestra de conformidad, las partes firman el presente documento en todas sus hojas, por duplicado, en el lugar y fecha arriba indicados.

FIRMA CLIENTE   FIRMA PROCURADOR

Hoja de encargo para acto de conciliación privada

Reunidos en fecha _/_/_ en _____:

Comparecen

D./D.ª _____ con domicilio en _____ teléfono _____ correo electrónico a efecto de comunicaciones _____; y D./D.ª _____, con domicilio en _____ teléfono _____ y correo electrónico a efectos de comunicaciones _____ como partes en el acto de conciliación privada a fin de alcanzar un acuerdo respecto a _____ *(indicar controversia).*

Designan como conciliador/a a: D./D.ª _____ identificándose como _____ con número de colegiado/a _____, quien reúne los requisitos exigidos en el art. 15.2 de la LO 1/2025 para actuar como persona conciliadora. Asimismo, declara su compromiso de actuar con imparcialidad y de respetar en todo momento los deberes de confidencialidad y secreto profesional.

Objeto del encargo profesional: La celebración de un acto de conciliación privada conforme al art. 15.1 de la LO 1/2025, respecto de: _____ _____. La cuestión planteada es susceptible de conciliación, al versar sobre derechos disponibles por las partes, de acuerdo con lo dispuesto en el art. 4.1 de la LO 1/2025.

ACUERDAN

PRIMERO. Desarrollo del procedimiento conforme al art. 16 de la LO 1/2025 *(describir: análisis, gestión, sesiones, redacción, etc.).*

SEGUNDO. Obligaciones del profesional conciliador (arts. 15 y 16 de la LO 1/2025)

TERCERO. Obligaciones del cliente.

CUARTO. Honorarios profesionales / suplidos / forma de pago.

QUINTO. Protección de datos.

SEXTO. Finalización del encargo.

Como muestra de conformidad, las partes firman el presente documento en todas sus hojas, por duplicado, en el lugar y fecha arriba indicados.

D./D.ª _____
D./D.ª _____
Firma del conciliador/a.

DILIGENCIA DE ENTREGA (art. 161.1 LEC)
Recepción por el destinatario[107]

ÓRGANO	
TIPO DE PROCEDIMIENTO	
AUTOS	
DESTINATARIO DEL ACTO DE COMUNICACIÓN	
EN CALIDAD DE	
DOMICILIO DESIGNADO PARA NOTIFICAR	

En_____, a _____ de _____ de 20_

Yo, el/la Procurador/a Sr./Sra. _____ colegiado/a n.° _____, del Ilustre Colegio de Procuradores de _____, siendo las _horas, en sustitución de _____me persono en el domicilio sito en la calle_____ _____de _____ donde procedo a identificarme como procurador/a habilitado/a por el Letrado/a de la Administración de Justicia que ordena el acto, y encuentro a quien dice ser el Sr./Sra. _____ provisto/a de DNI/NIE núm. _____. Le hago saber:

1.- Contenido y objeto del acto de comunicación:

2.- Prevenciones legales:

Las que constan en la resolución que se adjunta.

---

107   Ilustre Colegio de Procuradores de Barcelona. (s. f.). *Diligencia de entrega (Art. 161.1 L.E.C.) Recepción por el destinatario.* https://www.icpb.es/wp content/uploads/2020/02/Diligencia_entrega_al_destinatario_castellano.pdf

3.- Respuestas del interesado en caso de requerimiento (art. 152.5 LEC):

A continuación, se procede a la entrega al destinatario de la copia de la resolución o cédula y _____ quien, en prueba de conformidad, firma conmigo.

FIRMA DESTINATARIO   FIRMA PROCURADOR

DILIGENCIA DE ENTREGA (art. 161.3 LEC)
Ausencia del destinatario

ÓRGANO	
TIPO DE PROCEDIMIENTO	
AUTOS	
DESTINATARIO DEL ACTO DE COMUNICACION	
EN CALIDAD DE	
DOMICILIO DESIGNADO PARA NOTIFICAR	

En_____, a_____de_____de 20_

Yo, el/la Procurador/a Sr./Sra. _____ colegiado/a núm. _____, del Ilustre Colegio de Procuradores de _____, siendo las _horas, en sustitución de _____ me persono en el domicilio sito en la calle_____procediendo a la búsqueda del destinatario del acto de comunicación, NO encontrándose a su destinatario, PROCEDO a efectuarle la ENTREGA EN SOBRE CERRADO a D./Dña. _____con DNI/NIE núm. _____ A quien me identifico como procurador/a habilitado/a por el Letrado/a de la Administración de Justicia y le hago saber que está obligado a hacer entrega de dicha comunicación al ausente, o darle aviso si sabe su paradero, advirtiendo en todo caso al receptor de su responsabilidad en relación con la protección de los datos del destinatario (art. 161.3 de la LEC).

1.- Contenido y objeto del acto de comunicación:

A continuación, se procede a la entrega del SOBRE CERRADO a:

	Es un empleado/a.
	Es un familiar mayor de años.
	Es una persona con la que convive.
	Es el conserje de la finca.
	Le conoce y es un compañero/a de trabajo
	Está a su cargo en el centro de trabajo

FIRMA RECEPTOR   FIRMA PROCURADOR

DILIGENCIA DE PUESTA A DISPOSICIÓN DEL ACTO DE COMUNICA-CIÓN Negativa del destinatario a recibirlo o firmar la diligencia (art. 161.2 LEC)

ÓRGANO	
TIPO DE PROCEDIMIENTO	
AUTOS	
DESTINATARIO DEL ACTO DE COMUNICACION	
EN CALIDAD DE	
DOMICILIO DESIGNADO PARA NOTIFICAR	

En_____, a_____de_____de 20_

Yo, el/la Procurador/a Sr./Sra _____ colegiado/a núm. _____, del Ilustre Colegio de Procuradores de _____, siendo las __horas, en sustitución de _____ me persono en el domicilio sito en la calle_____ de _____ donde procedo a identificarme como procurador habilitado por el Letrado/a de la Administración de Justicia que ordena el acto, y encuentro a quien dice ser el Sr./Sra _____, provisto/a de DNI/NIE número _____. Le hago saber:

1.- Contenido y objeto del acto de comunicación:

2.- Prevenciones legales:

Las que constan en la resolución que se adjunta

3.- Respuestas del interesado en caso de requerimiento (art. 152.5 de la LEC)

Ante la negativa del destinatario del acto de comunicación a recibir la copia de la resolución o cédula, y/o a firmar la copia de la presente diligencia, se procede a comunicar al destinatario que dicha diligencia queda a su disposición en la oficina judicial, produciéndose los efectos de la comunicación. (art. 161.2 de la LEC).

FIRMA PROCURADOR

DILIGENCIA DE ENTREGA NEGATIVA

ÓRGANO	
TIPO DE PROCEDIMIENTO	
AUTOS	
DESTINATARIO DEL ACTO DE COMUNICACION	
EN CALIDAD DE	
DOMICILIO DESIGNADO PARA NOTIFICAR	

En_____, a_____de_____de 20_

Yo, el/la Procurador/a Sr./Sra_____colegiado/a núm._____, del Ilustre Colegio de Procuradores de _____, siendo las __horas, en sustitución de _____ me persono en el domicilio situado en la calle _____ de _____ procediendo a la búsqueda del destinatario del acto de comunicación. Hago constar lo siguiente:

FIRMA PROCURADOR

C. Esquemas visuales

C.1. Juicio Verbal

FASE	Claves prácticas	LEC / LO 1/2025
Ámbito de aplicación	Cuantía ≤ 15.000 € (regla general). Materias siempre por juicio verbal: desahucios, precario, tutela posesoria, derechos reales inscritos, alimentos, consumidores (cesación), CGC, división cosa común, OEPM. Requisito previo: acreditar MASC o declaración responsable.	arts. 250.2, 250.1, 248, 264.4 LEC; arts. 5 y 10 LO 1/2025.
Inicio demanda	Misma forma que el ordinario; sucinta si no hay profesionales. Adjuntar acreditación del MASC. Presentada la demanda, traslado al demandado.	arts. 437, 264.4 y 438.1 LEC.
Contestación	Contestación siempre por escrito. PLAZO: 10 DÍAS Impugnar cuantía aquí. Reconvención solo si no altera proceso. PLAZO:10 DÍAS.	arts. 438.1, 136 y 438.2 LEC.
Prueba (Proposición)	Designar testigos/peritos a citar por el/la LAJ. Proponer pruebas que se pretendan practicar. PLAZO 5 DÍAS desde el traslado de la contestación / citación.	art. 438.8 LEC.
Resolución intermedia	Auto sobre: excepciones, cuantía, admisión de prueba. Tribunal decide: ¿vista sí/no?	art. 438.10 LEC.
Vista citación	El/la LAJ cita a partes. Vista en máximo 1 mes / Información sobre MASC.	art. 440, 443.1 LEC.
Vista celebración	Modalidad telemática preferente. Inasistencia actor → desistimiento (si demandado no pide continuar). Inasistencia demandado, sigue el juicio.	arts. 129 bis, 442, 440 LEC.
Conciliación MASC	El tribunal comprueba si subsiste el conflicto. Puede homologar acuerdo. Posible suspensión para acudir a MASC.	art. 443.1, 19.4 LEC.
Fijación y prueba	Aclaraciones. Fijación de hechos controvertidos. Práctica de pruebas.	art. 443.3 y 4 LEC.
Recursos en la vista	Reposición en el acto. Si se desestima, protesta para apelación.	art. 446 LEC.
Conclusiones	El tribunal puede conceder turno de conclusiones orales.	art. 447.1 LEC.
Sentencia	Escrita: 10 días. Desahucio: 5 días. Oral: dictada en vista; firme si nadie anuncia recurso.	arts. 447.1, 210.3 y 4.
Recursos	Sentencia oral: anunciar recurso en 5 días. Apelación: 20 días desde la notificación de la sentencia escrita. Desahucio: demandado debe acreditar el pago para recurrir.	arts. 210.4, 458, 449.1, 464.1 LEC

C.2. Juicio Ordinario

FASE	Claves prácticas	LEC / LO 1/2025
Ámbito de aplicación	Cuantía > 15.000 €; interés económico imposible de calcular. MATERIA (siempre por juicio ordinario): Derechos fundamentales (honor, intimidad, propia imagen). Impugnación de acuerdos sociales. Competencia desleal, propiedad industrial e intelectual. Acciones colectivas (condiciones generales). Retracto. Propiedad Horizontal (salvo reclamaciones puras de cantidad). Otros no atribuidas al juicio verbal.	arts. 249.1, 249.2 y 264.4 LEC; arts. 5 y 10 LO 1/2025.
Demanda	Hechos y fundamentos numerados. Petición clara. Adjuntar la acreditación del MASC. Aportar la acreditación de la negociación previa o la declaración responsable de imposibilidad. Se aportan documentos procesales y de fondo	art. 399, 265 y 267 LEC.
Admisión	Decreto del LAJ. Se emplaza al demandado para contestar en 20 días	art. 404.1 LEC.
Contestación Reconvención	Contestación obligatoria por escrito. Plazo de 20 días. Impugnación de la cuantía aquí. Reconvención admisible si hay conexión; contestación en otros 20 días.	art. 404 a 407, y 136 LEC.
Audiencia Previa	Intento de conciliación / posibilidad de acudir a un MASC. Depuración procesal: capacidad, representación, litispendencia, cosa juzgada, acumulación. Fijación de los hechos controvertidos y aclaraciones. Proposición de la prueba completa. Admisión de la prueba mediante auto. Puede dictarse sentencia sin juicio si solo hay prueba documental no impugnada o pericial innecesaria.	art. 414 a 430 y 429.8 LEC
Juicio Oral	Vista preferentemente telemática (videoconferencia). Práctica concentrada de la prueba: interrogatorio de las partes, testigos, peritos, documental, y reproducción técnica. Incomparecencia en el interrogatorio, posible admisión de hechos. Reposición y protesta respecto de prueba. Conclusiones orales.	arts. 129 bis, 137 bis, 431 a 433, 304, 285.2 y 446 LEC
Sentencia y Recursos	Sentencia escrita: 20 días desde el fin del juicio o desde la audiencia previa si no hay vista. Sentencia oral excepcional (debe grabarse). La sentencia debe ser clara, congruente y exhaustiva. Efecto de cosa juzgada. Recurso de apelación: interposición en 20 días.	arts. 434, 210.3 y 210.4, 218, 222, 455 a 458 LEC

C.3. Tramitación del recurso de apelación civil

Claves prácticas	Procedimientos anteriores al 20/03/2024	Procedimientos posteriores al 20/03/2024 (RD 6/2023)	Artículo
Órgano que resuelve	Audiencia Provincial (Sección Civil).	Sin cambios.	art. 455 LEC
Órgano ante el que se interpone	Órgano a quo, ante el mismo juzgado que dictó la resolución.	Órgano ad quem (Audiencia Provincial)	art. 458.1 LEC
Plazo para interponer	20 días desde la notificación de la resolución impugnada.	Sin cambios: 20 días.	art. 458.1 LEC
Forma de interposición	Escrito telemático con alegaciones y fundamentos acompañado del depósito para recurrir.	Escrito telemático con alegaciones y fundamentos, acompañado de la copia de la resolución impugnada y del depósito para recurrir	art. 458, 449 LEC
Control de admisión	Inadmisión por falta de depósito para recurrir, extemporaneidad, o resoluciones no recurribles.	Inadmisión por falta de depósito para recurrir. Depósito en casos especiales: desahucio, daños y perjuicios, comunidad de vecinos.	art. 458.4, 455 y 449 LEC
Emplazamiento para comparecer	El juzgado remite el expediente físico / telemático y emplaza a las partes para comparecer ante el órgano ad quem en el plazo de 10 días.	El LAJ del órgano ad quem requiere electrónicamente la remisión del expediente al órgano a quo y solicita el emplazamiento a la parte no recurrente en el plazo de 10 días.	art. 458.3 LEC (RDL 6/2023)
Dónde se presenta el escrito de comparecencia	Telemáticamente ante la Audiencia Provincial, sin procedimiento asignado (solo registro de entrada)	Telemáticamente ante la Audiencia Provincial, con el número de procedimiento asignado en origen.	art. 458.3 LEC
Traslado para oposición / impugnación	Una vez personado el apelado, se conceden 10 días para oposición o impugnación	Igual: 10 días desde el traslado del escrito de interposición.	art. 461 LEC
Solicitud de prueba	Solo permitida cuando la prueba fue indebidamente denegada en la primera instancia o no pudo practicarse por causa no imputable.	Igual: Si se admite prueba → se señala vista (modelo de juicio verbal).	art. 460. LEC
Resolución de la apelación por Sentencia o Auto (si se interpone contra Sentencia o Auto)	La Audiencia Provincial dicta sentencia sin plazo específico.	Sentencia en 10 días tras vista, o en 1 mes si no hubo vista.	art. 465 LEC

C.4. Tramitación y formato del Recurso de Casación Civil (RDL 5/2023)

Con la reforma en vigor por el Real Decreto-ley 5/2023, de 28 de junio, el recurso de casación civil ha unificado su tramitación, adquiriendo el interés casacional un protagonismo absoluto para su admisión. El art. 481.8 de la LEC faculta a la Sala de Gobierno del Tribunal Supremo para determinar las condiciones extrínsecas de los escritos procesales. El procurador, como garante de la regularidad formal frente al estricto escrutinio de inadmisión, debe asegurar el cumplimiento de las siguientes reglas de competencia, tramitación y formato:

Aspecto Procesal	Claves prácticas para la Procura	Normativa Aplicable
Órgano competente	**Regla General (Derecho Común):** Sala Primera del Tribunal Supremo. **Excepción (Derecho Foral):** Salas de lo Civil y Penal de los Tribunales Superiores de Justicia (TSJ). Procede cuando el recurso se funde en infracción de normas de Derecho civil, foral o especial propio de la Comunidad Autónoma (ej. Cataluña, Aragón, País Vasco, Galicia, Navarra o Baleares)	art. 478.1 LEC
Dónde se presenta y plazo de interposición	El recurso no se presenta directamente ante el TS o el TSJ, sino ante el tribunal que dictó la resolución que se impugne (Audiencia Provincial). El plazo es de 20 días contados desde el día siguiente a la notificación de la resolución.	art. 479.1 LEC
Emplazamiento y oposición	Una vez tenido por interpuesto, el LAJ remitirá los autos originales al órgano competente (TS o TSJ) y emplazará a las partes para que comparezcan en el plazo de 30 días. Admitido el recurso por el órgano superior, se dará traslado a la parte recurrida por 20 días para que formalice su oposición y manifieste si considera necesaria la celebración de vista.	arts. 482.1 y 485 LEC
Extensión y formato del escrito	Extensión máxima estricta de **50.000 caracteres con espacios** (aprox. 25 folios). Debe emplearse fuente *Times New Roman* 12 (10 en notas al pie), interlineado 1,5 y márgenes de 2,5 cm. El profesional deberá certificar al final del escrito el número de caracteres.	art. 481.8 LEC y Acuerdo Sala de Gobierno del TS de 08/09/2023 (Apdo. I)
Carátula obligatoria	El escrito debe ir precedido inexcusablemente de una **carátula estandarizada** que no suple ni amplía el recurso, pero que identifica los datos esenciales: partes y profesionales, resolución recurrida, cauce de acceso (interés casacional o tutela de derechos fundamentales) y un resumen de la infracción de máximo 300 caracteres	Acuerdo Sala de Gobierno del TS de 08/09/2023 (Apdo. II)

Aportación documental	El procurador debe adjuntar inexcusablemente: el poder para pleitos, copia de la resolución de primera instancia, copia de la resolución impugnada (con sus respectivos autos de aclaración si los hay), el resguardo de constitución del depósito para recurrir en la Cuenta de Consignaciones, y, si procede, la acreditación de los requisitos del art. 449 LEC.	art. 481.6 LEC y Acuerdo Sala de Gobierno del TS de 08/09/2023 (Apdo. I.3)

Enlace oficial (Normas y Carátula del CGPJ):

D. Glosario jurídico de interés para procuradores

Figura Procesal	Descripción y Relevancia según LO 1/2025
Abuso del servicio público de justicia	Nueva causa para la imposición de costas o multas cuando una parte rechaza injustificadamente acudir a un MASC obligatorio o actúa con abuso procesal. Excepción al principio de vencimiento objetivo. Fundamento: arts. 247.3, 394.4 y 395.1 LEC (modificados por la LO 1/2025)
Acciones Individuales sobre condiciones generales	Se tramitan por juicio verbal independientemente de la cuantía. En acciones promovidas por consumidores, el requisito MASC se cumple con la reclamación extrajudicial previa. Sin embargo, las acciones de nulidad por usura NO están exentas y precisan MASC completo. Fundamento: art. 250.1.14.º LEC y Disposición Adicional 7.ª LO 1/2025. Acuerdos de unificación de criterios: Acuerdos de las Secciones Civiles de la AP de Barcelona de 31/10/2025 y de la AP de Girona de 01/10/2025.
Actividad negociadora previa a la demanda judicial civil	Requisito obligatorio para la admisión de demandas declarativas. Debe acreditarse el intento de solución extrajudicial o la imposibilidad justificada. Fundamento: art. 5.1 LO 1/2025 y art. 264.4.º LEC.
Competencias de los jueces de paz	Ampliadas para conocer expedientes de conciliación civil por cuantía inferior a 10.000 €. Fundamento: art. 47.2 LEC.
Consentimiento informado para procuradores	Formulario oficial que detalla las funciones delegadas por el tribunal al procurador (actos de comunicación, auxilio y ejecución material) y su coste para el representado. Fundamento: Disposición Adicional 11.ª LEC (introducida por la LO 1/2025).
Costas procesales (Impacto MASC y consumo)	Honorarios no preceptivos: Se incluye la cuenta del procurador y minuta del abogado en pleitos de consumo tras reclamación extrajudicial previa, sin sujeción al límite genérico de la tercera parte de la cuantía. Exoneración/moderación: Posible si se acredita oferta en MASC no aceptada de contrario que coincida sustancialmente con el fallo. Intereses agravados: Se impone de oficio una indemnización por mora (interés legal + 50 %, mínimo 20 % a los dos años) al empresario que no contribuya a un acuerdo existiendo jurisprudencia firme (art. 19.1 TRLGDCU). Fundamento: arts. 32.5, 245.5 y 245 bis LEC; y art. 19.1 TRLGDCU (modificaciones introducidas por el art. 22 - apartados 7, 17 y 18 - y la Disposición Final 16.ª LO 1/2025).
Entrada en vigor	La mayoría de las disposiciones procesales de la LO 1/2025 entraron en vigor el 3 de abril de 2025 (vacatio legis de tres meses desde su publicación en el BOE). Fundamento: Disposición Final 38.ª LO 1/2025.
Extensión de efectos de sentencias (consumo)	Las sentencias sobre condiciones generales de contratación (cláusulas abusivas) pueden extenderse a otros consumidores en situaciones idénticas sin necesidad de un nuevo pleito completo, siempre que haya identidad sustancial y no sea preciso valorar vicios en el consentimiento. Fundamento: art. 519 LEC (modificado por la LO 1/2025).
Funciones delegadas del procurador	El procurador puede realizar actos de comunicación, cooperación y ejecución material (previa solicitud y consentimiento informado del cliente), con exclusiones expresas (ej. desahucios y ejecuciones hipotecarias sobre vivienda habitual, y procesos de familia). Su actuación es personal, indelegable e impugnable ante el LAJ. Fundamento: arts. 23.4, 23.5 y 539.1 LEC; art. 543.2 LOPJ y Disposición Adicional 11.ª LEC (introducida por la LO 1/2025).

Intereses de demora procesal	Las condenas dinerarias devengan un interés legal incrementado en dos puntos o el pactado por las partes. Como novedad, la norma prevé que en litigios de consumo se imponga de oficio una indemnización por mora con un incremento del 50 % si el empresario no contribuye a una solución consensuada existiendo jurisprudencia previa. Fundamento: art. 576 LEC y art. 19.1 TRLGDCU (modificado por la LO 1/2025).
Juicios declarativos	Todos los procedimientos declarativos civiles (ordinarios y verbales) quedan sujetos al requisito general de procedibilidad consistente en acreditar el intento de un MASC previo a la admisión de la demanda, salvo las excepciones legales. Fundamento: arts. 5.1 y 5.2 LO 1/2025, y arts. 399.3 y 403.2 LEC.
MASC (Asistencia letrada)	No es obligatoria en general, salvo para Oferta Vinculante Confidencial (OVC) si el litigio supera los 2.000 €. Excepciones en leyes sectoriales. Fundamento: art. 6.2 LO 1/2025.
MASC (Conciliación)	Mecanismo válido realizado ante notario, registrador, LAJ o juez de paz, así como de forma privada ante un profesional colegiado ejerciente (abogado, procurador, graduado social, etc.). Puede intervenir el procurador con poder especial. Fundamento: arts. 14 y 15 LO 1/2025.
MASC (Confidencialidad)	Regla general de confidencialidad con excepciones como razones imperiosas de orden público, interés superior del menor o impugnación de costas. Fundamento: art. 9.2 LO 1/2025 para MASC en general, y art. 9.2.d Ley 5/2012 (modificada por LO 1/2025) para la mediación.
MASC (Excepciones prácticas)	No se exige el intento de MASC previo en demandas contra ignorados ocupantes, supuestos de reconvención, litisconsorcio pasivo necesario, ni para solicitar medidas cautelares. Sin embargo, la jurisprudencia sí lo exige para instar medidas provisionales previas en procesos de familia. Fundamento: art. 5.2 LO 1/2025 y Acuerdos de las Secciones de Familia de la AP de Barcelona de 04/11/2025.
MASC (Medios adecuados de solución de controversias)	Incluye la mediación, la conciliación, la OVC, la opinión de persona experta independiente, el derecho colaborativo y la negociación directa. Fundamento: arts. 2 a 19 LO 1/2025.
MASC (Subsanación del requisito)	La falta total del intento de negociación previa a la demanda es un defecto de procedibilidad insubsanable que provoca la inadmisión. Únicamente resulta subsanable, en el plazo concedido por el LAJ, la falta o defecto de aportación del documento acreditativo de dicho intento. Fundamento: art. 403.2 LEC y Acuerdos de las Secciones Civiles y de Familia de la AP de Barcelona.
Oficinas de Justicia en los municipios (OJM)	Unidades que sustituyen a los Juzgados de Paz. Prestarán servicios de atención ciudadana y colaboración procesal mediante telepresencia y videoconferencia, facilitando actos de comunicación y la tramitación de justicia gratuita sin desplazamientos. Fundamento: arts. 439 ter, quater y quinquies LOPJ (introducidos por LO 1/2025).
OVC (Oferta vinculante confidencial)	Propuesta escrita y formal que permite cumplir el requisito de procedibilidad. Es ejecutable si el acuerdo se eleva a escritura pública. Fundamento: art. 17 LO 1/2025 y art. 517.2.2.° LEC.

Preceptividad del procurador en ejecución	Obligatoria salvo si la ejecución deriva de procesos sin intervención preceptiva. Para la ejecución derivada de procesos monitorios sin oposición, laudos arbitrales o acuerdos de mediación, se requerirá abogado y procurador siempre que la cuantía supere los 2.000 €. Fundamento: art. 539.1 LEC.
Procedimiento testigo	Mecanismo procesal para agilizar demandas idénticas sobre condiciones generales de contratación promovidas por consumidores (sin vicios de consentimiento). Permite al LAJ dar cuenta al tribunal para suspender procedimientos paralelos hasta que se dicte sentencia en el asunto principal o «testigo». Fundamento: art. 438 bis LEC (introducido por LO 1/2025).
Reclamación extrajudicial previa (cláusulas abusivas)	Requisito previo obligatorio para demandas contra cláusulas abusivas en materia de crédito hipotecario y, en general, en acciones individuales promovidas por consumidores. Cumple la función del MASC y no está sujeta al plazo de caducidad de un año propio de otras negociaciones. Fundamento: Disposición Adicional 7.ª LO 1/2025 y art. 439 bis LEC.
Régimen transitorio	Las previsiones de la LO 1/2025 se aplican a los procedimientos incoados (cuya demanda o solicitud se haya presentado) tras su entrada en vigor (3 de abril de 2025). En los procedimientos judiciales ya en curso, las partes pueden someterse de forma voluntaria y de común acuerdo a cualquier MASC. Fundamento: Disposición Transitoria 9.ª LO 1/2025.
Subastas judiciales electrónicas	Reforma integral que incluye: acortamiento de plazos (20 días improrrogables), confidencialidad de las pujas, eliminación del pago aplazado, pérdida de control del ejecutante (quien ahora debe pujar obligatoriamente en plazo y cede la iniciativa al ejecutado si la subasta queda desierta) y aumento del depósito para participar (20 % en inmuebles y 10 % en muebles). Fundamento: arts. 647, 648, 649, 650, 669, 670 y 671 LEC.
Tribunales de Instancia (TI)	Nuevo modelo organizativo judicial colegiado que sustituye a los juzgados unipersonales tradicionales. Estará dividido en Secciones (Civil, Instrucción, Penal, etc.) y centralizará la entrada de asuntos jurisdiccionales bajo el soporte de la nueva Oficina Judicial. Fundamento: arts. 86 a 89 bis LOPJ (modificados por LO 1/2025).

E. Plazos de interés para los procuradores, conforme a la LO 1/2025

Actuación	Nuevo plazo introducido por la LO 1/2025
Entrada en vigor general	3 de abril de 2025: Obligatoriedad de MASC y modificaciones procesales principales (a los tres meses de su publicación). Fundamento: Disposición Final 38.ª 1 LO 1/2025.
Entrada en vigor organizativa	23 de enero de 2025: Título I (implantación de Tribunales de Instancia). 3 de octubre 2025: atribución de competencias en materia de violencia sexual a los juzgados de Violencia sobre la Mujer (modificaciones art. 14 LECrim y art. 2 ley 1/1996, de 10 de enero de Asistencia Jurídica Gratuita). Constitución de los tribunales de instancia: de manera escalonada el 1 de julio de 2025, el 1 de octubre de 2025 y el 31 de diciembre de 2025. Fundamento: Disposición Final 38.ª (apartados 2 y 3) y Disposición Transitoria 1.ª LO 1/2025.
Duración máxima mediación (MASC)	3 meses desde la recepción de la solicitud por el mediador. Fundamento: art. 10.4 LO 1/2025 y art. 20.2 Ley 5/2012, de 6 de julio, de mediación en asuntos civiles y mercantiles (modificados por la LO 1/2025)
Suspensión de prescripción o caducidad (MASC)	La solicitud suspende/ interrumpe los plazos. El cómputo se reanuda si transcurren 15 días naturales desde la recepción de la solicitud por el mediador/ conciliador sin intentar contactar a la otra parte, o 15 días naturales desde la recepción de la propuesta por el requerido sin que se celebre la primera reunión. Fundamento: arts. 7.1 y 7.2.b LO 1/2025.
Terminación MASC sin acuerdo	El proceso se entiende finalizado sin acuerdo si transcurren: 30 días naturales desde la solicitud inicial de negociación sin respuesta. 30 días naturales desde la recepción de propuesta concreta de acuerdo sin respuesta. 3 meses desde la fecha de la primera reunión sin alcanzar acuerdo. Fundamento: art. 10.4 LO 1/2025.
Formulación de demanda con MASC sin acuerdo	Dentro del plazo de un año desde la fecha de recepción sin respuesta de la solicitud, o desde la fecha de terminación del proceso de negociación sin acuerdo. Fundamento: art. 7.3 LO 1/2025.
Formulación de demanda tras MASC sin acuerdo (con acuerdo de medidas cautelares en la negociación)	Plazo de 20 días desde la finalización del MASC sin acuerdo o desde la fecha que se entiende finalizado por ley, presentándose ante el mismo tribunal que conoció de las cautelares. Fundamento: art. 7.3 LO 1/2025.
Oferta vinculante confidencial	Si es rechazada, o no sea aceptada expresamente por la otra parte en el plazo de un mes (o en cualquier otro plazo mayor establecido por la parte requirente), la oferta decaerá y se entenderá cumplido el requisito de procedibilidad, pudiendo la parte requirente ejercitar la acción que le corresponda. Fundamento: art. 17.4 LO 1/2025.
Pago por mejor postor en subasta	10 días para bienes muebles. 20 días para bienes inmuebles (ambos contados desde el cierre de la subasta, sin necesidad de notificación personal). Fundamento: arts. 650.1 y 670.1 LEC.
Depósito en subasta	20 % para inmuebles o un mínimo de 1.000 €. 10 % para muebles o un mínimo de 1.000€. Fundamento: arts. 669.1 y 647.1.3.º LEC.

Solicitud de nota simple registral	Cuando hayan pasado más de 6 meses desde la fecha de expedición de la certificación de cargas original. Fundamento: art. 656.2 LEC.
Terminación de la Subasta	Plazo improrrogable de 20 días naturales desde su apertura. Fundamento: art. 649.1 LEC.
Celebración audiencia previa	20 días desde su convocatoria. Fundamento: art. 414 LEC.
Fecha del juicio tras audiencia	Plazo máximo de 1 mes desde la conclusión de la audiencia. Fundamento: art. 429.2 LEC.
Prórroga del plazo entre audiencia y juicio	Posible por una sola vez y por un tiempo determinado, si se solicita de común acuerdo por todas las partes. Fundamento: art. 429.2 LEC.
Impugnación a proposición de prueba	Recurso de reposición (que se sustancia y resuelve en el acto) y posterior protesta. Fundamento: art. 285.2 LEC.
Impugnaciones sobre la prueba (juicio verbal)	3 días siguientes al traslado del escrito de proposición de prueba para las impugnaciones de los arts. 280, 283, 287 y 427. Fundamento: art. 438.9 LEC.
Citación para la vista en juicio verbal	Dentro de los 5 días siguientes de acordarse. La vista habrá de tener lugar dentro del plazo máximo de 1 mes. Fundamento: art. 440.1 LEC.
Impugnación de costas	5 días para alegaciones del abogado si se impugnan por honorarios excesivos. 3 días para alegaciones al procurador/ contraparte si se impugnan por partidas indebidas. Fundamento: arts. 34.2, 35.2, 246.1 y 246.4 LEC.
Validez de apoderamiento electrónico	5 años desde la inscripción o prórroga. Fundamento: Normativa general REA.
Días inhábiles para comunicación electrónica	Todo el mes de agosto y del 24 de diciembre al 6 de enero, ambos inclusive. Fundamento: arts. 130.2 y 162.2 LEC.
Subsanación en demanda (Jurisdicción Social)	4 días para subsanar defectos u omisiones. Fundamento: art. 81.1 LRJS.
Designación de abogado/procurador (Jurisdicción Social)	2 días siguientes al de su citación para el juicio para comunicar la designación de abogado/a, procurador/a o graduado/a social. Fundamento: art. 21.2 LRJS.
Provisión de fondos por perito judicial	3 días desde su nombramiento para solicitarla. 5 días para que la parte abone la cantidad fijada. Fundamento: art. 342.3 LEC.
Impugnación de liquidación de condena (Penal)	2 días para impugnar el traslado de la liquidación practicada por el LAJ. Fundamento: art. 988 bis.4 LECrim.

F. Organización de la Planta Judicial a nivel estatal y Directorios de Sedes

Con la aprobación de la LO 1/2025, se redefine la estructura judicial territorial configurando los nuevos Tribunales de Instancia y el Tribunal Central de Instancia. Para conocer la distribución competencial, plantas y composición exacta de los órganos judiciales a nivel nacional, el procurador debe acudir a los directorios institucionales actualizados en tiempo real, que permiten localizar la sede judicial correspondiente, su estructura y los órganos que la integran. Entre las principales herramientas institucionales destaca:

Organigrama Oficial de la Planta Judicial (Ministerio de la Presidencia, Justicia y Relaciones con las Cortes): Documento institucional que recoge la estructura general de los órganos judiciales en funcionamiento, así como la distribución territorial de los tribunales y sus diferentes secciones.

https://www.mjusticia.gob.es/es/JusticiaEspana/OrganizacionJusticia/
Documents/Organigrama_de_la_Planta_Judicial.pdf

Directorio de Órganos Judiciales (CGPJ): Buscador nacional unificado para localizar cualquier órgano, sede o partido judicial, ofrece información actualizada, datos de contacto y estructura organizativa.

https://www.poderjudicial.es/cgpj/es/Servicios/
Directorio/Directorio-de-Organos-Judiciales/

En el ámbito estatal, diversas Comunidades Autónomas tienen asumidas las competencias en materia de provisión de medios personales y materiales al servicio de la Administración de Justicia. En aquellas comunidades con competencias transferidas, el profesional de la procura puede consultar los despliegues organizativos, la localización de las sedes de los Tribunales de Instancia y las plataformas de gestión procesal a través de sus respectivos portales institucionales:

Andalucía (Consejería de Justicia, Administración Local y Función Pública): Sede Judicial Electrónica y portal de la Administración de Justicia de la Junta de Andalucía con acceso a servicios judiciales y al sistema de gestión procesal @Adriano.

https://www.juntadeandalucia.es/justicia/portal/
adriano/directoriosjudiciales/index.html

Aragón (Departamento de Presidencia, Economía y Justicia del Gobierno de Aragón): Sede Judicial Electrónica del Gobierno de Aragón con acceso a servicios judiciales y al sistema de gestión procesal Avantius.

https://sedejudicial.aragon.es/

Asturias (Consejería de Hacienda, Justicia y Asuntos Europeos del Principado de Asturias): Portal institucional de la Administración de Justicia en el Principado de Asturias que permite acceder a información sobre sedes judiciales, servicios judiciales y herramientas de gestión procesal utilizadas en la comunidad autónoma.

https://sedejudicial.justicia.es/asturias

Canarias (Consejería de Presidencia, Administraciones Públicas, Justicia y Seguridad del Gobierno de Canarias): Portal institucional de la Administración de Justicia en Canarias que permite el acceso a la Sede Judicial Electrónica, servicios judiciales y al sistema de gestión procesal Atlante.

https://sede.justiciaencanarias.es/sede/

Cantabria (Consejería de Presidencia, Justicia, Seguridad y Simplificación Administrativa del Gobierno de Cantabria): Portal institucional de la Administración de Justicia en Cantabria con acceso a información sobre sedes judiciales, organización judicial y herramientas de gestión procesal utilizadas en el territorio.

https://sedejudicial.cantabria.es/

Cataluña (Departament de Justícia i Qualitat Democràtica): Sede Judicial Electrónica de la Administración de Justicia en Cataluña con acceso a servicios judiciales para profesionales y al sistema de gestión procesal e-Justícia.cat.

https://ejcat.justicia.gencat.cat/IAP-ng/

Comunidad Valenciana (Conselleria de Justicia y Administración Pública): Sede Judicial Electrónica de la Comunitat Valenciana para profesionales con acceso a los sistemas de gestión procesal Cicerone y Just@cv.

https://sedejudicial.gva.es/es/professionals

Galicia (Vicepresidencia e Consellería de Presidencia, Xustiza e Deportes de la Xunta de Galicia): Portal institucional de la Administración de Justicia en Galicia que permite consultar sedes judiciales, organización judicial y el acceso a los sistemas de gestión procesal utilizados en la comunidad autónoma.

https://www.xustiza.gal/inicio/

La Rioja (Consejería de Salud y Políticas Sociales del Gobierno de La Rioja): Portal institucional de la Administración de Justicia en La Rioja que permite acceder a información sobre sedes judiciales, servicios judiciales y organización territorial de los órganos judiciales y el acceso a los sistemas de gestión procesal utilizados en la comunidad autónoma.

https://www.larioja.org/justicia/es

Madrid (Consejería de Presidencia, Justicia y Administración Local): Acceso al buscador de sedes, partidos judiciales y servicios de la red de Justicia en el territorio autonómico.

https://www.comunidad.madrid/servicios/justicia

Navarra (Departamento de Interior, Función Pública y Justicia del Gobierno de Navarra): Portal de la Administración de Justicia en Navarra que permite acceder a información sobre sedes judiciales, servicios judiciales y al sistema de gestión procesal Avantius.

https://www.navarra.es/es/justicia

País Vasco (Departamento de Igualdad, Justicia y Políticas Sociales del Gobierno Vasco): Portal institucional de la Administración de Justicia en Euskadi (Justizia.eus) con acceso a la información sobre sedes judiciales, servicios judiciales y herramientas de gestión procesal.

https://www.justizia.eus/inicio/

Las restantes comunidades autónomas que no han asumido competencias en materia de medios personales y materiales al servicio de la Administración de Justicia dependen orgánicamente del Ministerio de la Presidencia, Justicia y Relaciones con las Cortes, cuyos portales institucionales centralizan la información relativa a sedes judiciales y servicios judiciales.

Tabla Oficial de Equivalencias: Juzgados y Plazas de Tribunales de Instancia

Para garantizar la seguridad jurídica durante el periodo transitorio, resulta especialmente útil conocer la correspondencia exacta entre la antigua estructura de los juzgados unipersonales y las nuevas plazas integradas en los Tribunales de Instancia. A tal efecto, el Ministerio de la Presidencia, Justicia y Relaciones con las Cortes ha publicado un documento oficial que identifica la equivalencia entre cada antiguo juzgado y la Sección y Plaza específica del nuevo Tribunal de Instancia en la que ha quedado integrado, con efectos organizativos fijados a 31 de diciembre de 2025. Esta herramienta resulta de gran utilidad para el profesional de la procura, pudiendo identificar la nueva adscripción de los procedimientos en trámite y dirigir correctamente sus escritos procesales al órgano judicial correspondiente dentro del Tribunal de Instancia.

Documento oficial disponible en:

https://www.mjusticia.gob.es/es/JusticiaEspana/OrganizacionJusticia/Documents/equivalencia_jdo_vs_plaza_ti_a_31_de_diciembre_de_2025.pdf

G. Informe sobre la situación de los órganos judiciales

En este apartado se muestra a modo práctico los informes anuales *Justicia Dato a Dato* y junto con los resúmenes estadísticos trimestrales elaborados por el Consejo General del Poder Judicial (CGPJ), los cuales representan la fuente oficial sobre la actividad de los órganos judiciales en España. Estos documentos, de carácter público y técnico, recogen indicadores esenciales sobre planta judicial, personal, carga de trabajo, resolución de asuntos y tiempos de tramitación.

La presente guía no busca realizar un análisis exhaustivo de dichas estadísticas, sino proporcionar una referencia práctica que permita a los profesionales de la Procura situar los efectos de la LO 1/2025 en un contexto evolutivo. El acceso a estos datos facilita observar tendencias previas (2022–2024) y su evolución en el primer trimestre de 2025, a fin de valorar con mayor objetividad el impacto de la reforma en términos de eficiencia.

Sobre el plano funcional, los datos de la primera mitad de 2025 sugieren que la entrada en vigor de la LO 1/2025 y el filtro de admisibilidad basado en los MASC han coincidido con una disminución de los nuevos litigios, especialmente en el orden civil, y una mejora notable en la tasa de resolución a nivel nacional, reflejando un impacto inicial positivo en la eficiencia operativa de los tribunales. La introducción del MASC como requisito de procedibilidad es la pieza clave de la reforma procesal. Si bien la normativa establece la insubsanabilidad de la omisión del MASC, la reciente jurisprudencia de las Audiencias Provinciales (Málaga, Barcelona, Navarra) está demostrando que la aplicación práctica se rige por el *principio pro actione* y la prohibición de interpretaciones formalistas y desproporcionadas que restrinjan el derecho fundamental a la tutela judicial efectiva. El principal desafío reside en la adecuada integración de este nuevo requisito procesal con las garantías constitucionales. La balanza interpretativa se inclina hacia considerar el MASC como un vehículo real para el diálogo, asegurando que, en la práctica, se fomente la cultura del acuerdo sin que la forma prevalezca sobre el fondo, un riesgo que la propia LO 1/2025 ha obligado a los jueces y operadores jurídicos a mitigar, adaptado la exigencia a los principios de razonabilidad y efectividad.

Finalmente, desde una perspectiva práctica como procurador podemos entender la implementación de los MASC, ha supuesto un cambio sustancial en la dinámica de acceso a la jurisdicción. Aunque en sus primeras fases ha generado incertidumbre operativa y ciertas resistencias por parte de los operadores jurídicos, su finalidad es clara: canalizar parte del conflicto hacia vías previas de resolución que permitan una tramitación más ágil y ordenada de los procedimientos judiciales.

El reto de los tribunales en 2025 ha sido garantizar que este nuevo filtro procesal funcione de manera eficaz, evitando bloqueos innecesarios en la admisión de demandas y permitiendo el acceso a la jurisdicción cuando el intento de acuerdo haya sido real, pero infructuoso, o cuando las circunstancias del caso justifiquen acudir directamente a los tribunales.

Si se mantiene este delicado equilibrio, la reforma habrá conseguido no solo descongestionar los tribunales, sino también impulsar un cambio de cultura jurídica hacia soluciones más colaborativas y ágiles en beneficio de la ciudadanía.

Puede consultar los datos en los siguientes enlaces:

Consejo General del Poder Judicial. (2022). Justicia Dato a Dato 2022. https://www.poderjudicial.es/cgpj/es/Temas/Estadistica-Judicial/ Estudios-e-Informes/Justicia-Dato-a-Dato/

Consejo General del Poder Judicial. (2023). Justicia Dato a Dato 2023. https://www.poderjudicial.es/cgpj/es/Temas/Estadistica-Judicial/ Estudios-e-Informes/Justicia-Dato-a-Dato

Consejo General del Poder Judicial. (2024). Justicia Dato a Dato 2024. https://www.poderjudicial.es/cgpj/es/Temas/Estadistica-Judicial/ Estudios-e-Informes/Justicia-Dato-a-Dato/

Consejo General del Poder Judicial. (2025). Datos nacionales primer trimestre 2025.

Consejo General del Poder Judicial. (2025). Datos nacionales segundo trimestre 2025.

Consejo General del Poder Judicial. (2025). Datos nacionales tercer trimestre 2025.

H. Unificación de criterios

El despliegue normativo de la LO 1/2025 ha introducido una profunda reconfiguración operativa de los tribunales, obligando a los profesionales del Derecho a una rápida adaptación interpretativa. La falta de regulación en detalle en ciertos preceptos y el empleo de conceptos jurídicos indeterminados, especialmente en lo relativo a la acreditación de los MASC como presupuesto de procedibilidad, han generado inicialmente escenarios de incertidumbre en la fase de admisión de las demandas. Para corregir esta dispersión, las Audiencias Provinciales y las Juntas de Jueces han comenzado a adoptar acuerdos de unificación de criterios. Estas directrices son determinantes para la labor de la Procura, pues establecen pautas de actuación comunes que garantizan la igualdad de trato y minimizan el riesgo de inadmisiones por defectos en los requisitos de procedibilidad, salvaguardando así el derecho a la tutela judicial efectiva.

Nueva herramienta de consulta del CGPJ: Para facilitar el acceso a esta doctrina en constante evolución, el Consejo General del Poder Judicial ha habilitado un nuevo espacio digital específico que recopila los acuerdos adoptados por los Tribunales Superiores de Justicia, Audiencias Provinciales y Tribunales de Instancia.

Esta plataforma informativa, de acceso público, se organiza a través de un mapa interactivo de España estructurado por provincias. Para el profesional de la Procura, esta herramienta supone un avance operativo de primer orden: permite identificar de manera ágil y visual las líneas interpretativas seguidas en cada demarcación judicial concreta frente a la aplicación de la LO 1/2025. Su consulta resulta esencial para la correcta preparación de los escritos y el control preventivo de los presupuestos procesales en cada sede judicial concreta.

Enlace oficial de consulta:

https://www.poderjudicial.es/cgpj/es/Servicios/Ley-Organica-1-2025/
Unificacion-de-criterios--Interpretacion-y-aplicacion-LO-1-2025/

A continuación, se exponen los criterios unificados más relevantes para la práctica procesal actual:

Unificación de criterios sobre MASC:

Categoría	Criterio	Fuente (Avís ICPB y acuerdos)
Monitorio nacional	Requiere MASC para su admisión inicial. No se exige un nuevo MASC en los procedimientos que deriven de la oposición al mismo.	Annex avís 119.2 ICPB – Junta de Jueces de Mollet (15/04/2025). Junta Sectorial de Jueces de 1.ª Instancia de Valencia (31/03/2025, punto 3)
Monitorio europeo / escasa cuantía	Excluidos expresamente.	Annex avís 64 ICPB – Conclusiones Fórum LAJs BCN (marzo 2025).
Medidas cautelares coetáneas a la demanda	No requieren MASC previo.	Acuerdos Secciones de Familia (12.ª y 18.ª) AP BCN (04/11/2025, punto 1).
Familia – medidas provisionales (arts. 102 y 103 CC)	Se exige MASC; con carácter general hay que intentar la negociación previa.	Acuerdos Secciones de Familia (12.ª y 18.ª) AP BCN (04/11/2025, punto 1).
Familia – divorcio/ guarda posterior	No se exige MASC si se ha intentado para las previas o se acordaron cautelares, por razones de temporalidad, al existir el plazo perentorio de 30 días para presentar la demanda (art. 771.5 LEC)	Acuerdos Secciones de Familia AP BCN (04/11/2025, punto 2) y Acuerdo Junta de Jueces de Familia BCN (04/04/2025).
Tráfico (art. 7 LRCSCVM)	La reclamación previa extrajudicial opera como MASC válido, siempre que la demanda se interponga en el plazo de un año. Vencido dicho plazo, se deberá acreditar haber realizado una nueva reclamación.	Acuerdos Secciones Civiles AP BCN (31/10/2025, punto 12) y Junta Sectorial de Jueces de 1.ª Instancia Valencia (31/03/2025, punto 7).
Nulidad por usura	Requiere MASC completo. No basta la mera reclamación previa, al no ser derecho de consumo estricto.	Acuerdos Secciones Civiles AP BCN (31/10/2025, punto 14).
Consumidores (Cláusulas abusivas)	La reclamación previa extrajudicial cumple el requisito. No sujeta a caducidad de 1 año.	Acuerdos Secciones Civiles AP BCN (31/10/2025, punto 13).
Desahucios (Falta de pago/ plazo)	El requerimiento de enervación NO basta por sí solo. En la misma u otra comunicación se debe ofrecer explícitamente acudir a un MASC.	Acuerdos Secciones Civiles AP BCN (31/10/2025, punto 16).
Sector público	Excluido del requisito de procedibilidad (ej. Incasòl, Agència Habitatge).	Acuerdos Secciones Civiles AP BCN (31/10/2025, punto 15).
Subsanación del requisito	Falta de mención o acreditación documental es subsanable. La falta total de intento previo NO es subsanable a posteriori.	Acuerdos Secciones Civiles AP BCN (31/10/2025, punto 11) y Secciones de Familia AP BCN (04/11/2025, punto 3).

Medios de acreditación válidos	Correo postal con acuse de recibo, burofax, buro-mail, email, WhatsApp, comunicaciones mediante «envíos MASC» de Correos, así como cualesquiera otros medios que permitan dejar constancia del envío y de su recepción.	Acuerdos Secciones Civiles AP BCN (31/10/2025, puntos 8 y 9).
Contenido de la invitación	Basta manifestar voluntad de negociar y objeto. No es necesario incluir propuestas concretas ni revelar contenido (confidencialidad).	Acuerdos Secciones Civiles AP BCN (31/10/2025, puntos 4 y 7).
Correos no recogidos	Se considera válido el intento si se dejó la advertencia de tenerlo a su disposición en la oficina de correos y no fue recogido por voluntad del destinatario.	Acuerdos Secciones Civiles AP BCN (31/10/2025, punto 10).

Unificación de criterios en el ámbito penal:

Categoría	Criterio	Fuente (ICPB)
Audiencia preliminar	Admisible celebrar audiencia preliminar y juicio oral en continuidad.	Annex avís 77 ICPB – Junta de Jueces de lo Penal BCN (28/03/2025)
Víctima (Audiencia Preliminar)	Debe ser citada siempre a la audiencia preliminar, salvo que ya esté constituida como acusación particular.	Annex avís 77 ICPB – Junta de Jueces de lo Penal BCN (28/03/2025).
Incomparecencia del acusado	Se permite celebrar la audiencia preliminar para resolver cuestiones que no requieran su consentimiento, pero no se podrán adoptar medidas cautelares personales en su ausencia.	Annex avís 77 ICPB – Junta de Jueces de lo Penal BCN (28/03/2025).
Régimen transitorio (DT 9.ª LO 1/2025)	La aplicación de la nueva normativa se interpreta referida a la fecha de incoación del procedimiento penal por el/la instructor/a de la causa.	Acuerdos Secciones Penales AP Barcelona (07/03/2025, Acuerdo 3.º)
Interrupción de la prescripción	Se atribuye eficacia interruptiva de la prescripción de los delitos a las Diligencias de Ordenación dictadas por el/la LAJ por las que se acuerda el señalamiento del juicio oral.	Acuerdos Secciones Penales AP Barcelona (07/03/2025, Acuerdo 2.º)

Usurpación y allanamiento	Ignorados ocupantes: No cabe acordar el sobreseimiento provisional (art. 641.2 LECrim) sin oficiar antes a la policía para que identifique a los ocupantes de la finca. Corte de suministros: Si el titular de la finca (en régimen de propiedad o cualquier otro título que habilite su uso) ocupada o allanada no mantiene el alta de los suministros o el abono de estos, no será constitutivo de delito de coacciones. Diligencias urgentes: Si se incoan por allanamiento y no existe conformidad ante el Juzgado Instructor, el órgano encargado de su enjuiciamiento corresponderá al Juzgado de lo Penal.	Acuerdos Secciones Penales AP Barcelona (07/03/2025, Acuerdo 1.º, letras a, b y d)

I. Herramientas prácticas para la búsqueda de jurisprudencia de interés

Con la entrada en vigor de las últimas reformas procesales, se requiere por parte del profesional de la procura un conocimiento constante de la interpretación que realizan las distintas Audiencias Provinciales y el Tribunal Supremo. Asimismo, cuestiones relativas a la tutela judicial efectiva (art. 24 CE) hacen necesario el seguimiento de la doctrina constitucional. Para dotar al procurador de independencia y agilidad investigadora, a continuación se indican los buscadores oficiales fundamentales:

Buscador CENDOJ (CGPJ). Base de datos oficial de jurisprudencia para localizar resoluciones judiciales del Tribunal Supremo y unificación de criterios de las Audiencias Provinciales, esencial para fundamentar el interés casacional o la imposición de costas procesales.

https://www.poderjudicial.es/search/indexAN.jsp

Buscador del Tribunal Constitucional. Herramienta indispensable para la consulta de resoluciones que afecten a vulneraciones de derechos procesales básicos o cuestiones de inconstitucionalidad elevadas por los Tribunales de Instancia en la aplicación de la LO 1/2025.

https://www.tribunalconstitucional.es/es/jurisprudencia/Paginas/default.aspx

Buscador de Jurisprudencia de la Unión Europea (TJUE). La primacía del Derecho de la Unión y la doctrina del Tribunal de Justicia de la Unión Europea (TJUE) tienen una incidencia directa, constante y vinculante en el proceso civil español. Tras las recientes reformas procesales, que introducen expresamente la regulación de la cuestión prejudicial europea (art. 43 bis LEC) y el procedimiento testigo para demandas con idénticas condiciones generales de contratación (art. 438 bis LEC), el profesional de la procura debe estar capacitado para rastrear la jurisprudencia comunitaria.

Permite la consulta de sentencias del TJUE fundamentales en litigiosidad masiva (derecho de consumidores, cláusulas abusivas, transporte de pasajeros), así como comprobar si existe alguna cuestión prejudicial pendiente ante el TJUE planteada por otro Estado miembro que permita solicitar u oponerse a la suspensión motivada del procedimiento judicial en España.

https://european-union.europa.eu/institutions-law-budget/law/find-case-law_es

CONCLUSIÓN

EL FUTURO DE LA PROCURA COMO PILAR DE LA JUSTICIA EN LA ERA DIGITAL: DESAFÍOS Y OPORTUNIDADES

La **Ley Orgánica 1/2025, de 2 de enero, de medidas en materia de eficiencia del Servicio Público de Justicia,** indica el comienzo de una nueva etapa en la Justicia, basada y estructurada en la eficiencia organizativa, la modernización procesal y el impulso digital. Desde la posición de la procura, esta transformación exige indudablemente un ejercicio activo y colaborativo de adaptación y responsabilidad en la defensa del interés procesal de los justiciables.

Así, la función de los procuradores se consolida. Pasamos a ser protagonistas esenciales en la tramitación ágil, segura y eficaz de los procedimientos judiciales; expertos indiscutibles en el dominio de los medios tecnológicos y colaboradores comprometidos de los nuevos órganos judiciales.

Desde la implementación de las nuevas secciones especializadas en los órganos judiciales hasta la adaptación a plataformas digitales, la función del procurador se ve robustecida pero también con un gran desafío por delante, mantener la agilidad y eficiencia en un entorno cada vez más complejo. Los procuradores asumen un papel dinámico en el uso de estas tecnologías, adaptándose rápidamente a los nuevos procedimientos establecidos para garantizar una representación efectiva de los intereses de sus representados.

Por ello, en este proceso de transformación, es fundamental que los procuradores no solo comprendan los cambios estructurales y procedimentales que introduce la **LO 1/2025, de 2 de enero, de medidas en materia de eficiencia del Servicio Público de Justicia,** sino que también estén plenamente preparados para afrontar los desafíos prácticos derivados de la digitalización y la tramitación electrónica. La correcta aplicación de estas nuevas herramientas y métodos garantizará una mejora significativa en la calidad y eficiencia del servicio que se presta a los justiciables.

El futuro de la Procura, al igual que el de la propia Administración de Justicia, está en constante evolución. La capacidad de anticiparse y aprovechar las oportunidades que brinda la **LO 1/2025,** desde un enfoque eminentemente práctico y especializado, permitirá que los procuradores sigamos siendo agentes vertebradores del sistema. Asimismo, el papel del procurador como profesional en formación continua y colaborador cercano de la justicia, seguirá siendo indispensable para el correcto funcionamiento del sistema judicial en el entorno digital en que vivimos.

Los desafíos serán constantes, pero las oportunidades para consolidar el protagonismo como profesionales imprescindibles en la justicia del siglo XXI son evidentes. La Procura se encuentra ante un cambio de paradigma que la sitúa en el centro de la administración de justicia digital. La adaptación tecnológica, la especialización en tramitación electrónica, y la utilización de las distintas plataformas digitales posicionan al procurador como un operador clave en la eficiencia de una justicia más próxima, segura y eficaz. Formar parte de este nuevo modelo es tanto un reto como un compromiso que, como colectivo, estamos plenamente capacitados para aceptar.

Esta Guía Procesal representa un esfuerzo conjunto por acompañar y orientar esa evolución, con la firme convicción que los retos del presente son, indiscutiblemente, las grandes oportunidades del futuro para la Procura.

REFERENCIAS BIBLIOGRÁFICAS

Constitución Española. Boletín Oficial del Estado, núm. 311, de 29 de diciembre de 1978. https://www.boe.es/eli/es/c/1978/12/27/(1)/co

Ley Orgánica 1/2025, de 2 de enero, de medidas en materia de eficiencia del Servicio Público de Justicia. *Boletín Oficial del Estado*, núm. 3, 3 de enero de 2025. BOE-A-2025-76. https://www.boe.es/eli/es/lo/2025/01/02/1/con

Real Decreto-ley 6/2023, de 19 de diciembre, por el que se aprueban medidas urgentes para la ejecución del Plan de Recuperación, Transformación y Resiliencia en materia de servicio público de justicia, función pública, régimen local y mecenazgo. *Boletín Oficial del Estado*, núm. 303, 20 de diciembre de 2023. BOE-A-2023-25758. https://www.boe.es/eli/es/rdl/2023/12/19/6/con

Ley 1/2000, de 7 de enero, de Enjuiciamiento Civil. *Boletín Oficial del Estado*, núm. 7, 8 de enero de 2000. BOE-A-2000-323. https://www.boe.es/eli/es/l/2000/01/07/1/con

Ley Orgánica 6/1985, de 1 de julio, del Poder Judicial. *Boletín Oficial del Estado*, núm. 157, 2 de julio de 1985. BOE-A-1985-12666. https://www.boe.es/eli/es/lo/1985/07/01/6/con

Ley de Enjuiciamiento Criminal. *Boletín Oficial del Estado*, núm. 260, 17 de septiembre de 1882. BOE-A-1882-6036. https://www.boe.es/eli/es/rd/1882/09/14/(1)/con

Ley Orgánica 6/1985, de 1 de julio, del Poder Judicial. *Boletín Oficial del Estado*, núm. 157, 2 de julio de 1985. BOE-A-1985-12666. https://www.boe.es/eli/es/lo/1985/07/01/6/con

Ley 29/1998, de 13 de julio, reguladora de la Jurisdicción Contencioso-Administrativa. *Boletín Oficial del Estado*, núm. 167, 14 de julio de 1998. BOE-A-1998-16718. https://www.boe.es/eli/es/l/1998/07/13/29/con

Ley 36/2011, de 10 de octubre, reguladora de la Jurisdicción Social. *Boletín Oficial del Estado*, núm. 245, 11 de octubre de 2011. BOE-A-2011-15936. https://www.boe.es/eli/es/l/2011/10/10/36/con

Real Decreto Legislativo 2/2015, de 23 de octubre, por el que se aprueba el texto refundido de la Ley del Estatuto de los Trabajadores. Boletín Oficial del Estado, núm. 255, 24 de octubre de 2015. BOE-A-2015-11430. https://www.boe.es/eli/es/rdlg/2015/10/23/2/con

Ley 5/2012, de 6 de julio, de mediación en asuntos civiles y mercantiles. *Boletín Oficial del Estado*, núm. 162, 7 de julio de 2012. BOE-A-2012-9112. https://www.boe.es/eli/es/l/2012/07/06/5/con

Ley 15/2015, de 2 de julio, de Jurisdicción Voluntaria. *Boletín Oficial del Estado*, núm. 158, 3 de julio de 2015. BOE-A-2015-7391. https://www.boe.es/eli/es/l/2015/07/02/15/con

DOCUMENTOS DOCTRINALES Y TÉCNICOS

AUDIENCIA PROVINCIAL DE BARCELONA. (2025, 4 de noviembre). *Acuerdos unificación criterios de las Secciones de Familia (12.ª y 18.ª) de la Audiencia Provincial de Barcelona.*

CABAS JIMÉNEZ, M., & PALAU RAMÍREZ, F. (Coords.). (2025). *Nueva Justicia, Nuevos Protagonistas: La Ley Orgánica 1/2025.* Tirant lo Blanch.

CALAZA LÓPEZ, S., & ORDEÑANA GEZURAGA, I. (Coords.). (2025, abril). *Guía para la aplicación práctica de la LO 1/2025: Medidas de eficiencia procesal.* Aranzadi La Ley.

COLEGIO NACIONAL DE LETRADOS DE LA ADMINISTRACIÓN DE JUSTICIA. (c. 2025). *La subasta judicial electrónica en la L.O. 1/2025: Cambios en la LEC* [Documento PDF].

COLEX LEGAL. (c. 2025*). Los nuevos medios adecuados de solución de controversias (MASC).* Colex Legal.

COMITÉ TÉCNICO ESTATAL DE LA ADMINISTRACIÓN JUDICIAL ELECTRÓNICA (CTEAJE), Grupo BIS. (2015, 8 octubre). *Guía de Interoperabilidad y Seguridad de Autenticación, Certificados y Firma Electrónica (CTEAJE-GIS-707 v1.4).* https://www.cteaje.gob.es/cteaje/es/firmaelectronica.

COMITÉ TÉCNICO ESTATAL DE LA ADMINISTRACIÓN JUDICIAL ELECTRÓNICA (CTEAJE). (2024, 13 junio). *Guía de Interoperabilidad y Seguridad del Expediente Judicial Electrónico (CTEAJE-GIS-702 v3.1)* [Documento PDF].

IL·LUSTRE COL·LEGI DE PROCURADORS DE BARCELONA. (2025). *Annex AVÍS 6 - Nota sobre la Ley Orgánica 1/2025.*

IL·LUSTRE COL·LEGI DE PROCURADORS DE BARCELONA. (2025, marzo). *Annex avís 64 - Conclusiones Fórum MASC de los LAJs de Barcelona.*

IL·LUSTRE COL·LEGI DE PROCURADORS DE BARCELONA. (2025, 28 marzo). *Annex avís 77 - Acuerdo de unificación de criterios Junta de Jueces de lo Penal de Barcelona.*

IL·LUSTRE COL·LEGI DE PROCURADORS DE BARCELONA. (2025, 18 junio). *Avís 135/25 - Presentació sobre la Llei Orgànica 1/2025.*

IL·LUSTRE COL·LEGI DE PROCURADORS DE BARCELONA. (2025, 20 junio). *Avís 140/25 - Posada en marxa de l'Oficina Judicial.*

IL·LUSTRE COL·LEGI DE PROCURADORS DE BARCELONA. (2025, 12 noviembre). Avís 226/25 – Oficina Judicial.

ILUSTRE COLEGIO DE LA ABOGACÍA DE MADRID. UNIDAD TÉCNICA JURÍDICA. (c. 2025). *Novedades en el ámbito social introducidas por la Ley Orgánica 1/2025* [Documento PDF].

LA LEY (NOTICIAS JURÍDICAS). (c. 2025). ¿Qué cambia con la gran reforma del sistema judicial que se acaba de aprobar? Claves penales de la LO 1/2025. https://noticias.juridicas.com

MINISTERIO DE LA PRESIDENCIA, *Justicia y Relaciones con las Cortes.* (2025). Presentación «Ley de Eficiencia Organizativa» [Documento técnico en PowerPoint, Annex avís 135 PPT_Ley_eficiencia_organizativa.pdf]. Incluye mapas, fases de implantación y estructura comparativa de tribunales. https://www.mjusticia.gob.es/es/JusticiaEspana/NMOJ/Documents/Ley_de_eficiencia_DOSSIER.pdf

PÉREZ DAUDÍ, V. (2025). «La reforma del proceso civil por la Ley Orgánica 1/2025, de 2 de enero, de medidas de eficiencia del servicio público de justicia». En *Guía para la aplicación práctica de la LO 1/2025: Medidas de eficiencia procesal* (pp. 164–165). Aranzadi La Ley.

2025-Resumen LO 1/2025 de 2 de enero de medidas en materia de eficiencia Servicio Público de Justicia.pdf. (2025). *Resumen de la Ley Orgánica 1/2025, de 2 de enero, de medidas en materia de eficiencia del Servicio Público de Justicia* [Documento PDF].

SÁNCHEZ GARCÍA, J. (2025, 1 de septiembre). «Análisis de los acuerdos de la Audiencia Provincial de Ourense sobre los MASC». *Economist & Jurist.*

— https://www.economistjurist.es/articulos-juridicos-destacados/analisis-de-los-acuerdos-de-la-audiencia-provincial-de-ourense-sobre-los-masc/